자존감
높이는
21일 습관

자존감 높이는 21일 습관

초 판 1쇄   2019년 04월 24일
초 판 2쇄   2020년 01월 10일

지은이 구윤영
펴낸이 류종렬

펴낸곳 미다스북스
총괄실장 명상완
책임편집 이다경
책임진행 박새연 김가영 신은서
본문교정 최은혜 강윤희 정은희

등록 2001년 3월 21일 제2001-000040호
주소 서울시 마포구 양화로 133 서교타워 711호
전화 02) 322-7802~3
팩스 02) 6007-1845
블로그 http://blog.naver.com/midasbooks
전자주소 midasbooks@hanmail.net
페이스북 https://www.facebook.com/midasbooks425

© 구윤영, 미다스북스 2019, *Printed in Korea*.

ISBN 978-89-6637-664-3 03190

값 **15,000원**

마음의 상처를 돌보는
3주간의 내면 트레이닝

자존감 놓이는 21일 습관

구윤영 지음

미다스북스

21일 습관으로 자존감을 다시 세우세요!

어느덧 중년을 넘기는 나이가 되었다. 아이들도 잘 자라 주었고 맞벌이 부부 교사로 평범한 삶을 살아가고 있다. 다만 한 가지 여전히 분주하고 조급한 내 마음의 원인이 무엇인지 알기까지는 나도 그런 줄 알았다. 물 위에 떠 있는 오리는 평화롭고 한가로워 보이지만 그렇게 물 위에 떠 있기까지 물밑에서는 쉼 없는 오리의 발놀림이 있다. 내 삶도 그와 같다는 생각을 하며 살았다.

'무엇이 문제냐?'라는 주변 사람들의 질문을 나도 나에게 하고 있었다. 무엇이 문제이기에 나는 현재 상황을 편안하게 누리지 못하고 오리처럼 물밑에서 두 발을 버둥거려야 하는지 중년을 넘긴 나이에도 나를 모르고 살고 있었다. 그저 열심히 살 뿐이었다. 이제까지도 그렇게 살아왔고 그렇게밖에는 살아보지 않았다. 열심히 살지 않으면 불안했고 바쁘게 사는 것이 잘 사는 것인 줄 알고 있었다.

두 아이가 성장하여 부모 품을 떠났다. 몸과 마음의 여유가 생기면서 저절로 나를 돌아보는 시간을 갖게 되었다. 그런데 웬일인가? 나는 처음 그 자리 그대로였다. 그동안 쉬지 않고 달려왔건만 제자리걸음만 한 꼴이 되고 말았다. 당황스러웠다. 그래서 다시 나만을 위한 완벽한 삶을 계획했다. 그동안 동동거리고 사느라 애쓴 나에 대한 보상이었다. 나는 과연 보상을 받았을까? 보기 좋게 실패로 돌아갔다. 정확한 진단이 없이 어불성설 치료법을 가져다 댔으니 실패는 당연한 결과였다. 내가 되어야 한다고 생각했던 중년의 여유로운 모습 대신 나에게는 불안하고 조급하고 초조한 어른아이의 모습만 남아 있었다.

거듭되는 실패의 결과로 내가 알게 된 문제는 나의 낮은 자존감이었다. 자존감을 다룬 책들에는 나의 이야기들과 비슷한 사례들이 많았다. 그동안 내가 그렇게 열심히 살아왔던 것도 사실은 나의 낮은 자존감 때문이었다는 것을 알았다. 넉넉지 못한 가정 형편에 유년 시절의 힘들었던 일들이 그 원인이었다. 낮은 자존감은 내 삶의 전반적인 부분에 영향을 끼쳤다. 자존감의 문제인 줄 일찍 알았더라면 그렇게 나를 닦달하며 살지 않아도 되었을 텐데, 좀 더 빨리 행복할 수 있었을 텐데 하는 아쉬움이 있다. 그러나 이제라도 원인을 알았으니 하면 되었다. 나의 늦깎이 자존감 처방법은 나의 노력이 제자리걸음이었다는 것을 알게 된 뒤부터 하나씩 실천하고 실패했던 과정에서 나온 실천 방법들이다.

이 책에는 그동안 나의 낮은 자존감은 어디서 기인했는지, 내 삶을 어떻게 이끌어 왔는지, 21일 동안 어떤 습관을 통해 다시 세워지게 되었는지가 담겨 있다. 나와 같이 낮은 자존감으로 고민하는 분들에게 나의 생생한 '21일 자존감 회복기'가 도움이 되기를 바라는 마음으로 이 책을 썼다. 나와 같이 이 책을 읽는 독자분들도 21일 습관으로 자존감을 다시 세우기를 희망한다.

더불어 이 책이 나오기까지 나와 함께 산고를 겪은 남편과 두 아이에게 감사와 사랑을 전한다. 오롯이 책만 쓰겠다는 나를 두말없이 지지해 준 가족이 아니었다면 이 책은 세상 밖으로 나오지 못했을 것이다. 이 책에 등장하는 학생, 친구들, 선·후배님들, 가족 그리고 좋으신 시어머님께 감사드린다. 이분들이 계셨기에 오늘의 내가 있을 수 있었음을 알기 때문이다. 마지막으로 나의 친정엄마 윤기영 님에게 막내딸의 사랑을 가득 담아 이 책을 올려드린다.

차례

2장 나 자신을 위해 지키는 최소한의 예의

3장 저절로 행복해지는 인간 관계의 비밀

4장 마음의 상처를 아물게 하는 위로의 기술

5장 21일 습관으로 지금부터 행복해지자

1장

The 21-day habit for raising self-esteem

자신에게만
엄격한 사람들에게
필요한 처방

01
인생살이는 원래 깔끔하지 않다

'젖'은 줄 수 있으나 '꿀'까지 주는 어머니는 많지 않다.
꿀을 주려면 '좋은 어머니'일 뿐 아니라
'행복한 사람'이어야 하기 때문이다.
— 에리히 프롬

자식 못되기 바라는 부모는 없지만

'아이는 부모의 거울이다.'라는 말이 있다.

그만큼 아이는 부모의 모습을 많이 닮는다는 말이다. 이 말을 들을 때
마다 속으로 뜨끔하다. 참지 못하고 벌컥 화를 낸다거나 시작은 창대하
되 끝이 지지부진한 성격, 행동보다 말이 앞서는 등 나의 좋지 않은 모습
을 아이가 닮았을까 봐 걱정이 된다.

아이를 낳고 한창 키우던 시기 내 나이는 30대 초반이었다. 태어난 아

이가 그저 예쁘고 신기하기만 했다. 동시에 이 예쁜 아이를 어떻게 잘 키워야 할지 책임감과 함께 두렵기도 했다. 아이도 세상이 처음이지만 나도 부모가 처음인지라 어떻게 키우는 것이 잘 키우는 것인지 항상 고민할 수밖에 없고 시행착오를 겪을 수밖에 없다.

이 세상에 자식 못되기 바라는 부모는 없다. 그러나 그런 부모의 마음에서 나온 행동이어도 아이에게 다 좋은 영향을 미치는 것은 아니다.

우주는 중학교 2학년 남학생이다. 1학년 2학기에 접어들면서 우주라는 이름이 선생님들 입에 오르내리기 시작하더니 2학년에 들어와서는 단연 1위다. 교내에 학교 폭력 사건이 발생했다 하면 90%는 우주가 가해자로 등장한다.

등교는 하되 수업은 제 마음대로다. 어느 날은 아침 1교시부터 7교시까지 수업에 안 들어가는 날도 있다. 몇몇 아이들과 모여서 화장실이나, 탈의실, 빈 교실 등으로 옮겨 다니며 논다. 간신히 찾아서 데리러 가도 막무가내다. 어쩌다 수업에 들어와도 조용히 있지 않는다. 그 수업이 제대로 이루어질 리 없다. 수업 선생님이나 다른 학생들에게는 우주가 차라리 잠이라도 자주면 고마운 상황이 전개된다.

친구를 때려서 다치게 하면 맞은 친구보다 우주가 먼저 보건실에 온다. 자기도 어디를 맞아서 아프다며 병원에 간다. 손만 살짝 닿아도 맞았다고 과잉반응을 보이니 문제다. 자기를 방어하는 방법이다.

상담하는 선생님께 욕설을 퍼붓고 의자를 던지는 등의 행동을 하기도 한다. 그 일로 상담 선생님은 트라우마가 생겨 이직을 고민하기도 했다. 욕설은 상담 선생님만 듣는 것이 아니다.

우주와 얽혀봐야 기분 좋을 일이 별로 없다. 부하처럼 우주를 따라다니는 학생들도 있다. 그러나 까딱하면 욕설이나 듣기 십상이니 학생들도 웬만하면 우주를 피하고 선생님들도 조심한다. 우주를 보고 있노라면 북한의 김정은이 우리나라 중2가 무서워서 못 쳐들어온다는 농담이 괜히 나온 말은 아닌 것 같다.

그날도 무슨 일 때문이었는지 교무실에서 엄마가 오시기를 기다리고 있을 때였다. 엄마와의 전화 통화 속에서도 욕설은 난무한다. 듣고 있는 선생님들도 부모이기에 할 말을 잃는다. 교무실이든 어디든 거리낌 없이 말하고 행동하는 우주다. 선생님들 대화에 자녀 학원 수강하는 이야기가 나오자 우주도 끼어들었다.

"에이씨~ 나도 초등학교 때 학원 ×××다녔는데, 학원 다니느라 애들하고 하나도 못 놀았어 ××. 지금은 엄마가 아무리 가라고 해도 절대 안 가. 내가 미쳤어?"

우주가 자신에 대해 처음으로 꺼낸 얘기였다. 순간 교무실이 조용해졌다.

'우주에게도 그런 시간이 있었구나! 학원 다니느라 친구와 못 놀았구나! 그래서 스트레스를 많이 받았구나!'하는 생각이 들면서 우주가 새삼 짠하게 보였다. 우주 엄마가 우주를 키우면서 기울였을 부모로서의 관심과 기대가 그려졌다. 남의 일 같지 않다.

어떤 부모든 내 아이는 다 소중하고 귀하다. 공부도 잘했으면 좋겠고 인성도 발랐으면 좋겠다. 사회성도 좋아서 친구들과도 잘 지내고 사람들 속에서 사랑받고 인정받길 원한다. 그런 마음에 경제적으로 무리를 하면서도 학원이나 과외를 보내기도 하고, 이것저것 잔소리하고 때론 통제도 하게 된다. 그런 부모의 마음을 주는 대로 받아들이고 그만큼 성장하는 아이가 있는가 하면 그와는 반대로 당시에는 꾹꾹 참았다가 어느 순간 폭발하는 아이도 있다.

우주는 결국 학교 폭력으로 강제 전학을 갔다. 처음 폭력사건이 발생했을 때 잘못을 인정하고 반성하도록 하는 기회를 가졌다면 어땠을까? 그랬어도 저렇게 강제 전학까지 가게 되었을까? 누가 봐도 명백한 학교 폭력 사안이어서 그에 대한 징계를 받고 반성하는 것이 당연할 것 같았다. 그렇지만 우주 부모님은 어떻게든 징계를 피하려고만 했다. 우주도 피해자라면서 같이 맞신고로 대응한다. 왜 우주만 가지고 그러냐고 항의한다. 그렇게 한두 번 징계를 피하게 된 우주는 그 뒤로 더 무서울 것이 없는 아이가 되었다.

이제는 우주의 부모님도 우주를 감당하지 못한다. 자기 자식을 사랑하지 않는 부모가 어디 있겠는가? 그렇지만 올바로 사랑하는 일은 쉽지 않다. 당장의 좋고 나쁨만을 따질 것이 아니라 내 자식의 앞날을 멀리 내다보고 판단해야 한다. 부모는 자식을 위해 최선의 선택을 한 것 같아도 돌아보면 잘못된 선택일 때가 있다. 자식을 키우는 일이야말로 평생 공부가 필요하다.

잘못한 행동은 혼내고, 다친 감정을 보듬어주고

중3 민준이는 부모의 관심을 목말라하던 아이였다. 학교에서 친구들끼리 2:2로 싸움이 일어났다. 중재를 위해서 학교에 불려 오신 엄마 한 분이 교무실에서 한바탕 떠들썩하게 소란을 피웠다. 말도 안 되는 억지를 부리는 모습에 같이 있던 선생님들도 황당했다.

민준이는 그런 엄마를 둔 친구를 몹시 부러워했다. 자기도 그 친구 옆에 있다가 얼떨결에 가해자가 되었다. 그래서 민준이 엄마도 학교에 오셔야 했다. 그렇지만 오지 않으셨다. 전에도 학교에서 몇 번이나 오시라고 했는데도 엄마는 그때마다 모른 척했다고 한다.

민준이는 잠을 잘 못 자서 수면유도제를 먹고 있었다. 자해 경험도 있는 친구다. 담임 선생님은 행여 안 좋은 일이라도 일어날까 민준이에게서 눈을 떼지 않았다. 상담 선생님도 주기적으로 상담하시며 관심을 기울이는 친구다. "우리 가족은 나에게 아무런 관심이 없어요."라고 말하는 민준이 표정에는 중3 남학생에게서 보기 어려운 쓸쓸함이 묻어 있었다. 민준이에게는 아들 편을 들어줘가면서 큰소리쳐 줄 엄마의 관심과 사랑이 절실히 필요했다.

나중에 들으니 그 당시 민준이 부모님은 가정에 어려운 일이 닥쳐서 굉장히 무기력한 상태에 있었다고 한다. 민준이는 이제 이 세상에 없다. 민준이가 왜 그런 결심을 하게 되었는지 정확히는 모른다. 다만 부모로서 자식을 키운다는 것이 얼마나 어려운 일인지 깊이 생각해볼 뿐이다. 자신의 시련 속에서도 자식이 먼저여야 하는 것이 부모다.

그때 나는 오히려 소란을 피운 엄마를 둔 학생을 걱정했었다. 교무실 한가운데서 욕설을 섞어가면서 소리소리 지르는 엄마를 부끄러워하지 않을까 내심 신경 쓰였다. 그런데 정작 그런 엄마의 사랑을 간절히 그리워하는 민준이를 보고는 자식의 입장에서도 바라보게 되었다.

평소에는 합리적이고 사리 분별이 정확한 사람도 자식 일 앞에서는 평소와는 다른 모습을 보이는 경우를 가끔 보기도 하고 듣기도 한다. 민준이 얘기를 듣고부터는 그런 모습도 이해가 된다. 그렇다고 자식이 학교에서 문제를 일으키면 무조건 가서 큰소리부터 쳐야 한다는 얘기는 아니다. 그런 행동이야말로 자식을 망치는 지름길이다. 나쁜 행동에 대해서는 단호히 혼내고 다친 감정은 찾아서 감싸줘야 한다.

사람들은 자신의 어떤 특별한 성격이나 콤플렉스 등을 이야기할 때 '이런 엄마 또는 아빠 밑에서 자라서 그래.'라는 이야기를 많이 한다. 상담가들도 개인의 문제를 그 사람의 성장 과정에서 찾는다. 나이 지긋한 어른이 되어서도 어렸을 적 부모에게서 받은 상처에서 벗어나지 못하고 있는 사람들을 주변에서 종종 본다.

인생이 나 하나로 깔끔하게 끝나면 얼마나 좋을까? 나의 모든 감정·생각·말·행위들이 내 자식에게 부정적인 감정이나 콤플렉스를 형성한다고 생각하면 무엇인가 깔끔하지 않다. 더구나 내 잘못으로 내 자식이 잘못되었다면 더욱 견디기 힘든 일이다.

우주 엄마도 민준 엄마도 나도, 세상의 모든 부모는 다 자식에게 좋은 것만 물려주고 싶다. 나 때문에 내 자식이 상처 받길 바라는 부모는 없다. 그러나 인류가 존재하는 한 모든 부모는 자식에게 상처를 줄 수밖에 없는 존재이고, 모든 자식은 부모에게 상처를 받을 수밖에 없는 존재이다. 다만 부정적인 영향보다는 좋은 영향을 미치는 부모가 되고자 노력할 뿐이다. 자식도 그런 부모를 이해해야만 부모로부터 받은 상처에서 벗어나 비로소 자유로울 수 있다.

내 자녀에게 상처 줄까 두려워질 때

- 내 안에 잠재된 분노가 무엇인지 찾아보기
- 부모 자식 사이에도 일정한 거리 두기 연습
- 상처를 줄 수도 있지만 동시에 치유자일 수도 있는 부모임을 알기

02
상처 받아본 적 없는 사람은 없다

> 진정한 성숙함이란 누가 그에게 상처를 주었을 때
> 그에게 보복하려는 게 아니라, 그의 상황을 이해하려 노력하는 것이다.
> – 지그 지글러

나도 모르게 주고받는 상처

희선 씨는 대학교 졸업 후 결혼해서 전업주부로만 살아온 40대 여성이다. 어려운 가정 형편에 아르바이트를 하면서 어렵게 대학을 다녔다. 남들도 인정해주는 서울의 명문대학이었다. 그러나 졸업 후 바로 결혼하여 대학 졸업과는 전혀 무관한 삶을 살았다.

그런 희선 씨가 한 지역 단체의 총무가 되었다. 희선 씨는 자신이 총무가 되었다는 사실을 굉장히 뿌듯하게 여겼다. 희선 씨는 여러 명이 모인 자리에서 이렇게 말했다.

"제가 그런 중요한 단체의 총무가 되었다는 사실이 너무나 기쁩니다. 제가 힘들게 졸업한 대학교 졸업장을 한 번도 써보지 못하고 살아서 속상했었는데 이제야 써보는가 싶어 너무 기분이 좋습니다."

'총무 역할 수행에 꼭 대학 졸업장이 있어야 되나?' 하고 잠깐 의아스럽긴 했지만 희선 씨의 그 기뻐하는 마음이 충분히 이해가 되었다. 그 자리에 같이 있던 사람들 모두 축하해주었다. 그러나 모두 똑같은 마음은 아니었던 것 같다. 그 자리에 있던 어떤 사람은 '그 단체 총무 하는 일과 대학 졸업이 무슨 상관이냐. 나 같이 대학 안 나온 사람은 총무도 못 하겠네.'라며 희선 씨에게 불만을 토로했다.

내가 무심코 던진 말이 다른 사람에게 상처로 남기도 하고, 타인의 지나가는 말 한마디가 내 가슴을 아프게 찌르기도 한다. 희선 씨는 희선 씨대로 또 그런 희선 씨를 비난한 사람은 그 사람대로 상처가 있는 것이다. 똑같은 말도 누군가에게는 아무렇지도 않은 말이 되기도 하고 어떤 사람에게는 상처가 되기도 한다.

상대방의 말에 상처를 받느냐 받지 않느냐는 각자의 살아온 경험과 그 경험을 어떻게 생각하고 받아들였느냐에 따라 다르다. 같은 과거의 경험을 실패로 받아들인 사람은 비슷한 상황에 부딪혔을 때 그때의 실패감을 떠올리며 또다시 상처를 받게 된다. 그러나 살아가는 과정으로 받아들인 사람에게는 같은 상황이 오더라도 더 이상 상처가 아니게 된다.

10여 년 전에 쌍꺼풀 수술을 했다. 수술 후 만나는 사람들의 반응은 두 가지였다. 나를 오랫동안 알아온 학교 친구들은 '전에 눈은 너만의 분위기가 있는 눈이었는데 왜 수술했느냐?'라며 아쉬워했다. 다른 사람들의 반응은 '예쁘게 잘했다.'였다. 반응은 달랐지만 두 쪽 다 결론은 '그래도 잘했어. 괜찮아. 예뻐.'라는 말이었다. 가끔 셋이 함께 만나던 직장 동료가 있었다. 수술 후 처음 만나서 함께 저녁을 먹었다. 두 분 중 한 분이 내 눈을 보시고는

"야, 수술하길 잘했다. 수술하기 전엔 단춧구멍 눈이었잖아! 호호호, 안 그러니?"

'단춧구멍 눈'이라는 말은 어느 누가 들어도 결코 기분 좋은 얘기는 아니다. 아무리 친한 사이여도 그렇지, 도무지 이 분은 상대방에 대한 배려가 없다. 기분은 나빴지만 그렇다고 그 말이 내게 상처가 되거나 하지는 않았다. 좀 민망한 얘기지만 고등학교 때 존경하던 은사님이 내 눈에 대해 '작지만 예쁜 눈'이라는 말씀을 해주신 다음부터는 내 눈은 그냥 작은 눈이 아니라 작지만 예쁜 눈이 되었다. 남편과 연애를 할 때에도, 지인들에게도 눈에 대한 좋은 얘기를 많이 들어왔다.

이렇게 내 외꺼풀 눈을 긍정적으로 생각하는 나에게는 단춧구멍 아니라 더한 말을 들었다 해도 큰 상처가 되지는 않았을 것이다, 내 몸에 보

이지 않는 보호막이 쳐진 것 같았다. 화살이 날아와도 내 투명보호막에 맞고 튕겨 나갈 것 같은 느낌이었다. 나는 아무런 해도 입지 않았다. 그건 내 문제가 아니라 두 분의 무례함이 문제였다.

사람은 늘 누군가와 관계를 맺으며 살아가는 존재이다. 인간관계 속에서 나만 상처 받는 것 같지만 다른 사람들도 나처럼 똑같이 상처 받으며 살아간다. 자기 자신이 다른 사람에게 주는 상처는 잘 알지 못한다. 그래서 늘 상처 받는 사람은 나라고 생각한다. 나도 내가 누구에게 상처를 주는 사람인 줄 모르고 살았다.

나는 인사를 잘하는 사람이라고 생각했다. 윗사람이든 아랫사람이든 먼저 인사하려고 한다. 그런 내가 '인사를 해도 잘 받지 않는 사람'이라는 비난을 들은 일이 있었다. 정기행사에서 만나는 어르신이시다. 행사 끝나고 다른 사람들과 인사하고 이야기하느라 그분이 인사하는 것을 못 본 것 같았다. 그분은 나이도 한참 어린 내가 먼저 인사도 하지 않고, 또 인사를 받지도 않아서 서운하셨다고 했다. 그런 일이 몇 번 반복되니 내가 당신을 무시하나 싶어 몹시 화가 나셨다고 했다.

상처를 잘 받는 사람이라면 두 가지를 생각해보자
내가 인간관계에서 상처를 유난히 잘 받는 사람이라면 다음 두 가지를 생각해보기 바란다.

첫째, 나에게 상처를 주는 사람은 정말 나에게 상처 주려고 작정한 것일까? 상대방이 아무 의미 없이 던진 말이나 행동에 나 혼자만 상처 받고 무시당했다고 속상해하는 것인지도 모른다. 그럴 때는 나의 과거 어떤 경험이 자극된 건 아닌지 들여다보자.

'너도 당해봐라!' 하는 심정으로 나에게 일부러 상처를 주는 사람이라면 상처 주는 그 사람의 상처를 나에게 반사하는 것이라고 생각하면 어떨까? 알고 보면 나도 그 사람도 서로의 상처에 힘겨워하는 사람일수도 있다. 그 사람도 아픈 사람인거다. 아픈 사람끼리 봐줘야 하지 않을까? 사실은 나도 남에게 상처를 주는 사람이라는 것을 기억하자. 나도 기억하지 못하는 내 말과 행동으로 누군가가 상처받고 마음 아파하고 있을 수 있다. 위의 인사 안 한 나의 사례처럼 말이다.

둘째, 그래도 상처가 된다면 상처의 뿌리를 찾아가 보자. 어떤 말을 들었거나 어떤 상황에서 특별히 화가 난다거나 기분이 상했다면 내 안에 그와 관련한 과거의 상처가 있다는 것이다. 그럴 때 '상처 받았다.'라고 침울해하거나 분노하기 전에 내 안의 상처를 먼저 들여다봐줘야 한다. 침울하고 분노하는 내 마음이 내 안에 상처 때문이라는 것을 알고, 그 상처를 들여다 봐주는 것만으로도 과거의 상처는 치유되기 시작한 것이다. 그 과거의 상처를 지우개로 지우듯 싹 지울 수만 있다면 좋겠다. 그러나 지워지지 않는다고 걱정하지 않아도 괜찮다. 그렇게 지우개로 싹싹 지우

듯이 과거를 정리하고 사는 사람들이 얼마나 될까? 조금씩 흔들리면서 사는 것이 인생이다.

살면서 상처 받지 않는 사람은 없다. 사람 속에서 부대끼며 살다 보면 본의 아니게 상처를 주기도 하고 받기도 한다. 내가 상처 받고 있다고 느껴지면 그 상처를 준 사람이 정말 나에게 상처를 주려고 작정했는지 살펴보자. 별 뜻도 없었던 상대방의 한마디 말에 나만 휘둘리고 있는지도 모른다. 또 일부러 상처를 주려고 한 말이라면 그 사람의 입장에서도 생각해보자. 그 사람도 자신의 상처에 힘겨워하는 사람일 수도 있다. 우리는 모두 상처 받으며 살아가는 사람이다.

21일 자존감 습관 트레이닝

상대방의 말에 상처받기 전에
내 안의 상처를 먼저 들여다보는 습관

똑같은 말인데도 유독 나에게만 상처가 되는 말이 있다. 그 말을 상처로 받아들이기 전에 '왜 그럴까?' 생각해보자. 그 말과 관련된 아물지 않은 내 안의 상처를 만나게 된다. 그 상처를 따뜻한 시선으로 바라보는 것이 치유의 시작이다.

03
남에겐 잘하는 조언을 나한텐 못 한다

나는 근심으로 가득 찬 긴 삶을 살았다.
그러나 한 가지 기이한 사실은 그 근심의 10분의 9는
결코 일어나지 않았다는 것이다.
– 앤드류 카네기

걱정 상자 이야기

"선생님, 이 약 먹고도 계속 아프면 어떻게 해요?"

"걱정하지 마. 안 아플 거야. 네가 먹은 약은 최고로 좋은 약이야."

"아니요. 혹시라도요. 안 나을 수도 있잖아요. 그럼 그때는 병원 가야
돼요? 저 병원 가기 싫은데요."

"걱정하지 말라니까. 네가 먹은 약은 마법 약이야."

"마법 약이라고요?

"그 정도로 잘 듣는 약이라고."

"정말이죠? 정말 안 아픈 거 맞죠? 계속 아프면 쌤이 책임져야 돼요."

　아픈 학생들에게 약을 주고 나면 꼭 이렇게 두 번 세 번 '계속 안 나으면 어떡하느냐?'라고 물어보는 친구들이 있다. 계속 아플까 봐 걱정이 되는 것이다. 그러다 보니 내가 보건실에서 제일 많이 하는 말은 "괜찮아. 걱정하지 마."이다. 실제 괜찮을 것이라고 생각하니 괜찮다고 말하는 것이다. 설사 계속 아프다고 하더라도 그때그때의 처치 방법은 다 있다. 미리 걱정할 필요가 없다. 오히려 걱정하는 마음은 자신의 아픈 곳에 더 집중을 하게 만든다. 그래서 더 아프게 느낄 수 있다.

　걱정하면 기억나는 학생이 있다. 현호다. 교실에서 갑자기 숨이 멎을 것 같다고 하여 보건실에 급히 온 학생이다. 부모님과 연락하여 병원을 방문한 결과 공황장애 진단을 받았다. 입원 치료를 받아야 하는데 병실이 없어 기다리는 중이었다. 학교에서 그런 발작 증상이 몇 번 더 일어나면서 현호는 학교에서의 많은 시간을 나와 함께 보건실에서 보내게 되었다. 현호는 걱정이 많았다. 그 순간에는 '또 숨을 못 쉬는 상태가 오면 어쩌나.' 하는 것이 가장 큰 걱정이지만 그 걱정 외에도 시험이며 자잘한 일에도 걱정이 많은 아이다.

　내가 도와줄 방법이 없을까 고민하던 중 그즈음에 읽었던 책에서 본 '걱정상자' 생각이 났다. 걱정 상자를 만들어서 걱정이 생길 때마다 종이에 적어서 걱정 상자에 넣어둔다. 그리고 하루에 한 번 정해진 시간에 걱정 상자를 연다. 걱정을 미뤘다가 정해진 시간에 한꺼번에 걱정하는 것이다. 종이에 써서 걱정 상자에 넣은 걱정은 잊어버려야 한다.

현호는 이 걱정 상자를 재미있어 했다. 예쁜 색지를 붙이고 현호 이름을 써서 보건실에 비치해놓았다. 현호는 수시로 와서 걱정 상자에 걱정들을 써 넣었다. 하루가 지나면 꽤 많은 걱정들이 모였다. 나도 책에서만 보고 하는 것이라 얼마나 효과가 있을지 궁금했었다. 걱정상자를 열어 걱정했던 대로 일어난 일과 걱정은 했지만 일어나지 않은 일을 따로 나눠보았다. 쪽지들을 하나하나 펴서 읽는 현호의 표정은 멋쩍은 웃음이 가득했다. 그 순간은 심각했던 걱정들이 하루 지나고 다시 보니 별거 아니었던 것을 깨닫는 순간 나오는 웃음이다.

우리가 하는 걱정이 얼마나 불필요한 걱정인가를 알려주는 연구가 있다. 미국의 심리학자 어니젤린스키의 걱정에 대한 연구결과이다. 걱정의 40%는 현실에서 절대 일어나지 않는 일이고, 30%는 이미 일어난 일, 22%는 사소한 일, 4%는 우리 힘으로 어쩔 도리가 없는 걱정, 나머지 4%가 우리 힘으로 바꿀 수 있는 걱정이다. 걱정해서 해결될 일은 4%라는 말이다. 그것도 걱정만으로는 안 된다. 무엇인가 행동으로 옮겨야 해결이 가능하다는 말이다.

현호와 이 연구 결과를 얘기하며 "그러니 너무 걱정하지 마라. 걱정은 너만 더 아프게 한다."라고 말해 주었다. 그러나 다른 사람에게는 "괜찮아. 걱정하지 마."라는 말을 제일 많이 하면서도 막상 나에게 일이 닥치면 온통 걱정 속에 사는 나다.

다른 사람은 괜찮지만 나는 괜찮지 않은 이유

큰아이가 중학교 1학년 때였다. 같은 아파트에 사는 효성이는 우리 아이와 같은 1학년이다. 효성이 엄마는 효성이가 시험이 내일모레인데도 공부는 안 하고 컴퓨터 게임만 하고 있다고 한걱정을 했다. 나는 너무 걱정하지 말라고, 효성이 너무 혼내지 말고 좋게 얘기하고, 믿어주라고, 아이는 믿어주는 대로 크는 거라며 책에서 읽은 이야기들을 주저리주저리 늘어놓고 친절한 조언을 아끼지 않았다.

그러나 막상 내 아이가 나 몰래 컴퓨터 게임에 열중하는 모습을 보자 내가 효성 엄마에게 해준 조언은 하나도 생각나지 않았다. 출장 갔던 일이 빨리 끝나서 평소보다 한 시간 정도 일찍 퇴근을 했다. 아이는 내가 퇴근하기 전 시간을 이용해 몰래 컴퓨터 게임을 하다가 나에게 딱 들켜버린 것이다. 나는 내 자식이 그러리라고는 상상을 못 했다. 한 번도 그런 적이 없었다. 이 녀석을 어떻게 해야 하나 머릿속이 복잡해진다.

효성이는 그래도 괜찮은데 왜 내 자식은 안 되는 것일까? 시험 점수에서도 그랬다. 다른 아이의 70점은 "그 정도면 그렇게 나쁜 점수 아니야. 조금만 더 하면 충분히 오를 수 있어. 효성이 못 믿어?" 하면서도 내 자식의 70점은 말할 수 없이 나쁜 점수인 것이다. 걱정에 걱정을 더한다. 수학 학원을 바꿔야 하나 아니면 과외로 돌려야 하나? 걱정 시작이다.

효성이에게 하듯이 내 아이에게도 '70점도 나쁘지 않은 점수이니 괜찮다.'라고 왜 말하지 못하는 것일까?

자식 문제만이 아니다. 인사 이동을 앞두고 다른 학교에 가고 싶어 내신서를 쓴 선생님이 계셨다. "발표가 나기까지 발령이 안 나면 어떡하느냐 혹시 나더라도 멀리 나면 어떡하느냐?"라며 걱정이 태산인 선생님에게 "며칠만 기다리면 발표 날 텐데 뭐 하러 미리 걱정하세요?" 하며 조언을 했었다. 사실 그렇지 않나? 걱정해서 안 날 발령이 날 것도 아니고, 날 발령이 안날 것도 아니지 않나? 걱정을 왜 사서 하는지 모르겠다며 열심히 '미리 걱정하지 말'고 조언을 해댔다.

올해는 내가 내신서를 냈다. 그 작은 학교로 갈 수 있을지 없을지 너무 궁금하다. 가게 되면 출근 시간은 얼마나 걸릴지? 차가 많이 밀리지는 않을지? 교직원 분위기는 어떨지? 괜히 내신서를 제출한 것은 아닌지? 여기보다 나쁜 근무 환경이면 어쩌나? 발표 나기 전까지 조바심을 떨고 있는 나를 본다. 그 선생님보다 더하면 더했지 덜하지 않다. 다른 사람에게는 "괜찮아. 걱정하지 마."라고 쿨한 사람인 척하면서도 막상 내 일이 되었을 때는 걱정이 한 짐이다.

남에게 하는 조언을 나에게는 왜 못 하는 것일까? 『나는 까칠하게 살기로 했다』의 저자 양창순은 그 이유를 다른 사람의 문제는 언제든 일어날 수 있는 일상의 일이라고 생각하지만 나의 문제는 나에게는 절대로 일어나서는 안 되는 일이라고 생각하기 때문이라고 한다. 나는 나에게 매우 특별하고 소중한 존재이기 때문에 다른 사람의 문제를 바라보듯이 내 문제를 바라보기 어렵다. 한 발짝 뒤로 물러나 객관적으로 나를 볼 수 있어야 남에게 하는 조언을 나에게도 할 수 있다.

21일 자존감 습관 트레이닝

걱정도 긍정적으로 하는 습관

끌어당김의 법칙이 있다. 좋은 생각은 좋은 일을 부르고, 나쁜 생각은 나쁜 일을 부른다. 오늘 저녁 만날 사람과의 불편함이 걱정이라면 먼저 불편함을 걱정하지 말고, 대화가 잘된 후 무엇을 먹으러 갈까를 걱정하라. 오늘 저녁 대화는 잘될 것이다.

04
외면했던 진짜 나, '그림자'를 찾아라

세상일이라는 게 약간 다르게 보면 빛과 그림자가 바뀐다.
– 공병호

내 안의 꼰대 다중이

〈개그 콘서트〉에 '봉숭아학당'이라는 코너가 있었다. 개그맨 박성호가 다중이라는 이름으로 출현하여 다중인격장애라는 병명을 널리 알린 코너이다. 평소에는 순수하고 귀여운 어린이의 모습이었다가 상황에 따라 음흉한 어른의 모습을 보이기도 하고, 선생님께 대들기도 하는 등 동심을 파괴하는 장면을 연출해서 웃음을 끌어낸다.

다중이 캐릭터가 인기를 끈 것은 때와 상황에 따라 달라지는 다중이의 속마음에 공감하는 사람이 많아서였을 것이다. 자신의 마음속에 있는 또 다른 다중이를 발견할 때 웃음이 터지는 것이다. 그럴 때는 '나도 다중인격장애인가?' 하는 생각을 해보곤 했었다.

나는 나 스스로 꽤 한결같은 사람이고 꽤 괜찮은 사람이라고 생각했다. 나는 누구에게나 같은 마음으로 대하였다. 상황에 따라 다르게 말하는 사람이 아니었다. 물어본 적은 없지만 다른 사람들도 그렇게 생각한다고 믿었다. 그런데 몇 년 전 '내가 이런 사람이었나?' 생각하게 하는 일이 있었다.

업무분장 과정에서 발생한 일이다. 새로 발령 받아 온 선생님은 20대 중반으로 성격도 좋고 얼굴도 예쁜 선생님이었다. 업무가 이원화되어 있어 일하기에 불편한 점이 있었다. 나의 솔직한 마음을 터놓고 이야기를 했더니 고맙게도 흔쾌히 본인이 하겠다고 했다. 나는 '역시 젊은 사람들은 다르구나!'라고 생각했다. 자기 업무인지 아닌지도 명확히 구별할 줄 알고 쿨하게 가져가는 태도도 좋아 보였다. 거기다가 예의까지 발랐다.

나와 나이 차이는 많이 났지만 잘 지냈다. 신규 발령 받아서 감당하기 어려운 학생들과 씨름하는 선생님이 안타까웠다. 혼자 사무실 사용하는 입장도 나와 비슷했다. 그 입장을 공감하니 그 선생님에게 더욱 관심과 정이 갔다. 나는 내 딸의 이야기를, 그 선생님은 자신의 어머니 이야기를 해가며 좋은 관계를 이어갔다.

1년이 지나고 업무 분장시즌이 돌아왔다. 나는 깔끔하게 모두 정리되었다고 생각한 전년도의 업무 문제로 다시 이야기를 하게 되었다. 그 자리에서 이 선생님이 나에게 한 말이다.

"작년에 제가 흔쾌히 업무를 가져온 줄 아시지만 실제는 그렇지 않았습니다. 선생님이 업무 말씀을 하시면서 '전문성이 떨어진다.'라고 하신 말씀에 화가 났습니다. 더 이상 그런 말 듣기 싫어서 얼른 제가 하겠다고 한 것입니다."

나는 늘 그 업무 문제가 불거질 때마다 '내가 그 업무 담당자라면 이런 문제 가지고 학년 초마다 신경전을 벌이지는 않을 텐데, 담당자로서 자기 업무에 대한 마인드가 부족한 것 아닌가? 자기 업무를 대하는 태도에 전문성이 떨어지는 일이다.'라고 생각했었다. 물론 지금 이 선생님이 전문성이 떨어진다는 말은 아니었다. 자기 업무가 명확한데도 무조건 남에게 미루려고만 하는 사람들의 일반적인 상황을 이야기한 것이었다. 이 선생님은 이제 발령받은 신규 선생님인데 내가 그 전문성을 어떻게 따질 것인가. 설사 전문성이 떨어져 보인다 하더라도 그것은 내가 왈가왈부할 일이 아니다.

그 자리에서는 내가 그런 말을 했는지 잘 기억이 나지 않았다. 그 후에 곰곰이 생각해보니 내가 그런 생각을 가지고 있었으니 그 말을 했겠구나

싶었다. 그렇지만 내가 '그 선생님보고 전문성 떨어진다고 얘기한 것이
아닌데.'라고 생각하는 순간 이 말이 왠지 많이 낯설지가 않았다.

지금은 퇴직하신 전 교장 선생님께 내가 들었던 말이다. 내용은 다르
지만 하시던 말씀 말미에 이렇게 말하셨다.

"선생님이 그렇다는 얘기가 아니고."

그러나 내 마음은 이미 '내가 그런 사람'이라는 말로 들렸다. 교장 선생
님의 하시고자 하는 말씀이 무엇인지도 알고 '내게 하는 말씀이 아니다.'
라는 그 말씀도 진심인 것은 알겠는데 기분은 심하게 나빴다. '어떻게 그
렇게 하실 말씀 다 해놓고 그게 내게 한 말이 아니라는 말인가!'라며 한동
안 마음 상했었다.
전후 사정이야 어떻든 내가 그 선생님에게 교장 선생님이 내게 하신
말씀과 똑같이 해버린 꼴이 되고 말았다. 이제 내가 그 입장이 되고 보니
그때 그 교장 선생님이 이런 심정이셨겠구나 이해가 되었다.

'내가 이런 사람이었나? 나에게 이런 면이 있었나?' 하는 생각과 함께
'내가 알고 있는 내 모습이 진짜 내 모습이 아닐 수도 있겠다.'라는 의심
이 들었다. 내가 생각했던 나는 앞에서 말한 것처럼 한결같고 나름 괜찮

은 사람이었다. 그런데 이번에 발견한 내 모습은 전혀 그렇지 않았다. 내가 정말 싫어하는 스타일의 사람이었다. 내 안에 꼰대 다중이가 있었다.

　내가 그렇게도 싫어했던 모습을 나에게서 똑같이 발견한 나는 몹시 당혹스러웠다. 내 안에 또 다른 다중이의 모습이 얼마나 더 있을까? 그 선생님에게 '선생님이 그렇다는 얘기가 아니다.'라고 말이라도 하고 싶었다. 그러나 말해 봐야 변명이 될 것을 알기 때문에 아무 말도 할 수 없었다. 답답한 마음에 그런 모습을 옆에서 다 지켜보신 선생님께 물어봤다. "선생님 보시기엔 도대체 제가 어떤 사람이에요?" 혼란스러워하는 내게 한 말씀 해주실 법도 하건만 노코멘트다. 나의 진짜 모습은 무엇일까? 이 맘에 안 드는 나의 모습도 나일 텐데. 어떻게 대해줘야 할지 혼란스러웠다.

내 안의 그림자, 그대로 받아들이기

　SBS 〈스브스뉴스〉에서 100가지의 인격을 가지고 있는 미국의 화가 킴 노블에 대한 이야기를 보았다. 100가지의 인격 중 20개의 인격이 화가인데 그림을 그리는 순간에 어느 인격이 찾아왔느냐에 따라 같은 주제여도 전혀 다른 스타일의 그림을 그린다. 킴노블이 '아비'일 때는 아름다운 모습을, '쥬디'일 때는 슬퍼 보이는 여자를, '리아'일 때는 학대당하는 모습을 그린다.

어떻게 100가지 인격이 공존하면서 사는 것이 가능할까? 킴노블은 그 답을 '인격 하나하나를 그대로 인정해주는 것'이라고 한다. 아비는 아비 대로, 쥬디는 쥬디 대로, 리아는 리아의 감정 그대로를 내 인격으로 받아들이면 평화롭게 살 수 있다고 했다.

사람은 누구나 자기만의 그림자를 가지고 있다. 자기의 그림자를 보지 못하고 사는 사람은 '자신은 좋은 사람이고 착한 사람'이라고만 생각하기 쉽다. 자신에게 있는 어두운 정체를 알지 못하기 때문이다. 살면서 발생하는 모든 문제는 네 탓이 된다. 문제의 해결점을 자신에게서가 아니라 타인에게서 찾게 된다. 그러므로 자신의 그림자를 만난다는 것이 꼭 나쁜 일만은 아니다. 자신을 더 객관적으로 바라볼 수 있게 되어 더욱 성숙한 어른이 될 수 있다. 자신의 삶을 더 들여다보고 성찰할 수 있는 계기가 된다.

신화에 등장하는 메두사는 머리에 뱀이 주렁주렁 달려 있고 쏘아보는 눈빛과 날카로운 송곳니가 공포스럽게 생긴 여신이다. 이 공포의 메두사와 싸움을 할 때 메두사 등 뒤에 거울이 있으면 싸우던 사람들이 다 미쳐 버린다고 한다. 흉측하게 생긴 메두사보다 오히려 거울 속에 비친 자신의 그림자가 훨씬 더 끔찍하기 때문이다. 나조차도 외면하고 싶은 나의 그림자가 있다. 그런 나의 그림자를 대면하고 나의 또 다른 모습이라고 인정하기까지는 용기가 필요하다. 그러나 나의 그림자가 아무리 마음에 안 들고 수치스러워도 그대로 인정해야 한다. 그렇지 않으면 나의 문제를 타인 속에서 찾게 되고 남의 탓만 하는 삶을 살게 된다. 나의 민낯을 적나라하게 보여주는 그림자를 만나면 그 그림자도 내 모습임을 받아들이고 인정하자. 나에게 익숙한 내가 나의 그림자를 이해하고 수용할 때 나의 삶은 더 깊이 있고 자존감 높은 삶이 된다.

21일 자존감 습관 트레이닝

나조차도 외면하고 싶은 내 그림자를 발견할 때
그림자도 내 모습이라고 인정하고 받아들일 때 자존감은 더 단단해진다.
· 그림자 없는 사람은 없다는 것 기억하기
· 그림자도 나라는 사실 받아들이기

05
과거로 돌아가 그때의 나를 용서하라

반드시 한 가지를 결정해야 할 때 인간은 본능적으로 최선을 선택해요.
그러니 너무 자책하지 마요. 그때는, 그게 최선이었어요.
— 김요비

내 진단명은 무대 공포증

스피치 선생님이 내려준 내 진단명은 '무대 공포증'이었다. 다른 사람
앞에만 서면 긴장부터 되었다. 완벽하게 발표 준비를 했는데도 사람들
앞에만 나가면 얼굴부터 빨개져서 할 말을 다 못 하고 들어온다. 큰 무대
도 아니고, 몇 사람이 모여서 이야기를 나눌 때도 그럴 때가 있다.

그래서 찾아간 곳이 '스피치' 학원이다. 나의 이런 고민을 들은 선생님
은 "그런 걸 무대 공포증이라고 해요. 혹시 어렸을 때 여러 사람 앞에서
말을 했다가 상처 받은 경험 같은 것 있으세요?"

아무리 생각해봐도 그런 기억은 없다. 평범한 학창 시절을 보냈다. 앞에 나가서 말할 일도 없었고 특별히 혼자 무대에 선 기억도 없다. 나의 무대 공포증은 어디서 온 것일까? 곰곰이 파고 들어가 보니 친정 엄마에 대한 기억에 닿았다. 그것도 무대라면, 내 무대 공포증은 그때부터라고 할 수 있을 것이다.

친정 엄마는 할머니를 모시고 살았다. 큰아버지께서 일찌감치 가족들을 데리고 멀리 이사를 가셨다. 그래서 자연스럽게 둘째인 아버지가 할머니를 모시게 된 것이다. 할머니가 아흔네 살로 돌아가시기까지 엄마와 할머니는 며느리와 시어머니로 40년 세월을 한 집에서 사셨다.

할머니는 집을 떠나시는 것을 불편해하셨다. 된밥을 못 드셔서 어디를 가셔도 오래 계시지 못했다. 엄마는 말씀이 별로 없으신 분이셨다. 표현도 별로 없으셨던 것 같다. 막내인 내 기억에도 엄마가 특별한 애정 표현을 하거나 하셨던 기억은 없다. 그렇지만 나는 크게 불만은 없었다. 겨울이면 저녁마다 떡볶이를 간식으로 주시고, 생선 가시를 발라주셨던 기억 등 따뜻한 추억이 많다.

할머니에게도 마찬가지셨다. 된밥을 못 드시는 할머니를 위해 진밥을 따로 지으셨고, 시장에서 오실 때는 요구르트, 쿨피스 등 할머니가 좋아하시는 간식을 잊지 않고 사오셨다.

초등학교 2학년 때쯤이었던 것 같다. 어른이 계신 집은 손님이 많다. 그날도 큰댁 사촌 언니와 형부가 방문했다. 저녁식사를 마치고 모두 안방에 둘러앉아 이야기를 나누었다. 사촌 언니는 엄마가 할머니를 모시느라 애쓰신다는 말씀을 하고 있었다. 그런데 그 순간 나도 모르게 불쑥 이렇게 말해버리고 말았다.

"난 엄마가 할머니에게 좀 더 상냥하게 했으면 좋겠어요."

순간 화기애애했던 분위기는 찬바람이 불었다. 그 다음 말을 이어야 하는데 분위기가 너무 냉랭해져서 그만 해야 할 말을 잊어버렸다. 얼마간의 정적이 흐른 후 엄마는 내게 물었다.

"내가 할머니에게 상냥하지 않은 게 뭔데?"
"그게⋯⋯."

사촌 언니가 다른 데로 화제를 돌려서 그 이야기는 그대로 끝나고 말았다. 그러나 나는 그 순간 뒤에 잇지 못한 말 때문에 어찌할 줄 모르고 있었다. 내가 하려고 했던 말은 "나는 엄마가 할머니에게 얼마나 잘 하시는지 안다. 그런데 엄마가 말씀이 별로 없으셔서 우리 집에 오시는 손님들이 엄마가 할머니에게 '잘 못하는 것'으로 오해할까 봐 걱정이 된다. 그러니 엄마가 할머니에게 상냥하게 말을 많이 했으면 좋겠다."라는 말이었다.

그런데 그만 '상냥했으면 좋겠다.'라는 말부터 나와 버렸다. 당장 같이 있던 사촌 언니와 형부부터 엄마를 할머니에게 상냥하지 않은 나쁜 며느리로 알게 된 것이다. 내 의도와는 정반대의 결과를 초래하고 말았다. 그 말을 들었을 때 나를 보시던 엄마의 눈빛은 더 할 수 없이 차가웠다.

나는 그 자리에 같이 있었던 둘째 오빠에게 그 고민을 털어놨다. 그런데 오빠는 그 상황을 전혀 기억하지 못하고 있었다. '그런 일이 있었냐?'라고, 그게 무슨 큰일이냐고 잊으라는 것이었다. 나는 나중에 언젠가는 엄마에게도 사촌 언니 내외에게도 그날 내가 못 한 말을 꼭 하겠다고 결심했다. 그러나 엄마는 끝내 내 말을 못 들으신 채 돌아가셨다.

내 기억 속에 엄마는 늘 아프셨다. 아픈 몸 이끌고 시어머니 타박하지 않으며 모신 엄마에게 나의 그 말은 비수 같은 말이 아니었을까? 아무리 어린 딸의 철없는 말이라 해도 엄마에게는 그동안의 모든 노력이 부정당하는 심정이셨을 것이다. 부모가 자식에게 인정받지 못하는 것만큼 마음 아픈 일도 없다는 것을 자식을 키우면서 알게 된다.

엄마에게 그런 상처를 준 나를 용서할 수가 없었다. 내가 그 말을 할 때의 장면은 흑백사진처럼 내 뇌리에 박혀 떠날 줄을 몰랐다. 아무리 자책해도 바뀔 수 없는 사실이라는 것을 알면서도 나는 여전히 엄마에게 상처를 준 나를 자책하고 있었다. 나의 말 한마디로 엄마에게 마음의 상처를 안겨줬다는 사실은 세월이 가도 변하지 않고 나를 괴롭혔다. 그 기억이 떠오를 때마다 다시 초등학교 2학년 아홉 살로 돌아가곤 했다.

아홉 살의 나 용서하기

죽으면 육신 속에서 영혼이 빠져나와 자기 모습을 쳐다보는 장면을 영화나 TV에서 많이 볼 수 있다. 그때 빠져나간 영혼이 볼 수 있는 것은 어디까지일까? 살아 있는 사람들의 속마음도 볼 수 있다면 엄마는 그때의 내 마음을 아실지도 모른다. 아니 아셨으면 좋겠다. 그래서 어린 딸이 엄마를 얼마나 사랑했는지, 아픈 몸을 이끌고 불평 없이 할머니를 챙기는 엄마를 얼마나 자랑스러워했는지, 동네 아줌마들 속에서도 엄마가 얼마나 곧고 굳은 사람으로 보였는지, 그런 엄마를 둔 내가 얼마나 기 펴고 살았는지 엄마가 알았으면 좋겠다. 그래서 엄마의 마음이 편해졌으면 좋겠다는 생각을 하곤 했었다.

'그만하자.' 내 속에서 터져 나오는 말이다. '이게 무엇하는 짓인지! 내가 미처 하지 못한 말을 부여잡고 매달려도 변하는 것은 하나도 없다. 내 뇌리에 박힌 그때 그 장면도 꼼짝하지 않는다. 그런 사실을 알면서도 나를 용서하지 못하고 끊임없이 자책해 온 것은 혹시 나 스스로에 대한 이기심은 아니었을까? 아무리 어렸어도 엄마에게 비수를 꽂는 말을 하고 쓸어 담지 못하고 있는 나를 나로 받아들일 수 없었던 것은 아닐까? 그렇다면 결국은 엄마 때문이 아니라 나와의 싸움이었다. 내 자책감은 아홉 살의 나를 나로 인정하지 못하고 있는 나의 또 다른 모습이었다.

내가 그 흑백사진 한 장 붙잡고 이렇게 씨름하고, 이제까지 어디 가서 말 한 번 할 때마다 얼굴 빨개지고 떨리는 상황을 만든 것인가 하는 생각에 할 말을 잃었다. 엄마가 이 모습을 보시면서 얼마나 마음 아프셨을까? 어린 딸이 불쑥 던진 말 한마디 때문에 이제까지 자신을 용서하지 못하고 자책감에 시달리고 남 앞에서 말할 때마다 얼굴 빨개지는 모습이 안타깝지 않으셨을까? 그렇게 나는 묶인 끈을 풀 수 있었다. 다 내려놓을 수 있었다.

때로는 후회보다 자책감이 크다. 나 때문에 누군가 아파하고 상처 입어 괴로워한다는 생각은 나를 자책감에 빠지게 한다. 그러나 아무리 자책해도 있었던 사실은 사라지지 않는다. 자책감은 자신을 갉아먹고 산다. 빨리 없애버려야 할 부정적인 감정이다. 그때 내가 그럴 수밖에 없었던 사정이었음을 자신에게 설명해주고 이해시켜야 한다. 스스로가 그날의 자신을 용서하는 순간 나를 무던히도 괴롭히는 자책감으로부터 벗어날 수 있다.

자책하는 순간으로 돌아가서 떨고 있는 자신에게 '네 잘못이 아니야.'라고 말해주기

지금의 나에게는 후회하고 자책하는 일이 되어버렸지만, 그 순간의 나에게는 최선의 선택이었다. 이제 와서 잘못된 선택이었다고 스스로를 비난해서는 안 된다. 자책하는 그 순간으로 돌아가 떨고 있는 자신에게 '괜찮아. 네 잘못이 아니야.'라고 말해주자.

06
후회가 많은 당신, 자존감이 문제다

과거를 애절하게 들여다보지 마라. 다시 오지 않는다.
현재를 현명하게 개선하라. 희미하게 다가오는 미래를 두려움 없이 맞이하라.
– 헨리 워즈워스 롱펠로우

이것도 후회 저것도 후회

사람은 누구나 후회 없는 인생을 살고 싶어 한다. 그러나 실제 후회 없
이 사는 사람이 얼마나 될까? 삶은 끊임없는 선택의 과정이다. 그 선택
에 있어서 매번 만족스러운 결정을 하기는 불가능하다. 그 순간은 만족
스럽다고 느낄 수 있다. 그러나 세월이 지나 돌아보면 오히려 잘못된 선
택이었음을 깨닫게 되기도 한다. 그럴 때 자기의 결정을 후회하고 자책
하게 된다. 하지만 마냥 후회만 하고 있을 수는 없는 노릇이다. 내 후회
가 내 미래를 방해하는 장애물이 되지 않도록 후회도 관리가 필요하다.

나는 시내에 있는 여고로 진학했다. 집 앞 고등학교에 진학하는 것이 창피하게 여겨졌다. 어려운 가정 형편을 생각하면 교통비며 자취방을 구해야 하는 시내 고등학교 진학은 사실 나에겐 무리였다. 그렇지만 나는 집 앞 고등학교에 가는 것이 너무 창피해서 부모님께 조르고 졸라서 시내 고등학교로 진학했다. 엄마는 내가 고등학교를 졸업하는 3년 동안 나의 통학비와 학비를 대시느라 고생하셨고, 나는 나대로 늘 가난한 여고생으로 사느라 힘들었던 3년이었다. 엄마는 돌아가셨지만 나는 지금도 내 고집 때문에 두 배로 고생하신 엄마께 죄송하다.

고교 친구 원희도 의도치 않게 친구에게 상처를 주었던 그날을 후회했다. 원희는 학교 옆에서 자취를 하고 있었다. 우리는 학교가 끝나면 원희 자취방에서 이야기를 나누며 놀곤 했었다. 그날도 둘이 저녁을 먹고 이야기를 하고 있는데 근처에 살던 원희의 친구가 놀러 왔다. 가끔씩 원희 방에 놀러 오곤 해서 얼굴을 아는 친구였다.

우리 셋은 이런저런 이야기를 나누었다. 이야기 도중 원희의 친구가 잠이 들었다. 원희는 가운데 누운 친구에 대한 이야기를 시작했다. '이 친구가 착하고 좋은 친구이긴한데 너무 자주 놀러 와서 불편하다.'라는 이야기였다. 우리는 그 친구 이야기를 하면서도 그 친구가 잠에서 깨서 듣고 있다는 생각을 전혀 하지 못했다.

며칠 뒤 그 친구는 원희에게 "그날 나 안 자고 너희들 하는 얘기 다 들었다. 네가 나를 그렇게 생각하는 줄 몰랐다. 다시는 오지 않겠다."라고 말했다고 한다.

원희는 친구에게 미안하다고 여러 번 사과를 했지만, 착한 친구에게 상처를 주었다는 후회와 자책감으로 많이 힘들어 했다. 그때 뿐만 아니라 졸업 후에도, 동창회에서도 계속 그 친구를 찾았지만 찾지 못했다. 나이가 들어 생각해볼수록 그 친구에게 미안한 감정이 더 커지는 것이다. 누군가에게 상처를 준 나의 행동은 쉽게 잊혀지지 않고 후회로 남는다.

나 또한 친구들에게 창피하다는 이유 하나만으로 집안 형편을 생각하지 않고 무조건 타지 고등학교 진학을 고집한 것을 몹시 후회한다. 그러나 아무리 후회해도 어쩔 수 없는 과거가 되어버렸다. 어머니는 돌아가셨고 원희의 그날 저녁은 다시 돌아올 수 없다.

사는 순간순간 후회를 한다. 방금 한 일에 대한 후회부터 오래 전 과거에 내가 잘못한 일들까지 두고두고 후회하면서 살기도 한다. 특히 내 선택이나 행동이 다른 사람을 힘들게 했거나 남의 마음을 다치게 했을 경우는 더 큰 후회를 하게 된다.

후회라는 말은 이미 여러 가지의 부정적인 감정을 포함하고 있다. 후회하는 그 순간의 나를 인정하지 못하고 바보 같은 판단을 한 나를 미워하고 후회한다는 말이다. 그래서 후회를 많이 하는 사람은 자존감이 낮아지게 된다. 바보 같고 미운 그 순간의 나도 괜찮다고, 그때는 그럴 수밖에 없었음을 안다고 인정해주어야 한다. 용서해주고 보듬어줘야만 과거의 후회에서 벗어날 수 있다. 과거로 돌아가 그런 선택을 한 나를 바라보고 용서해주는 연습이 필요하다. 나를 용서하는 것은 후회를 줄이고 자존감은 높이는 일이다.

하지 못한 일에 대한 후회

SBS 〈힐링캠프〉에 출연한 김정운 교수는 후회에 대해 다음과 같은 이야기를 한다. 사람이 하는 후회에는 크게 두 가지가 있다. 이미 한 일에 대한 후회와 하지 않은 일에 대한 후회라고 한다. 둘 중 더 크게 후회하는 것은 하지 않은 일에 대한 후회라고 한다.

지나간 일은 이미 벌어진 일이다. 그 일이 잘못되었다 하더라도 사람들은 어떻게든 잘못된 이유를 정당화시키려고 한다. 그래서 이미 일을 망쳤더라도 '나는 열심히 했어.' '실패했지만 의미 있는 일이었다.'라고 스스로를 정당화한다고 한다. 그러나 하지 않은 일에 대해서는 변명의 여지가 없기 때문에 후회는 더 크다.

나 역시도 한 일보다는 하지 않은 일에 대한 후회가 크다. 이 이야기 또

한 엄마와 관련된 후회이다. 엄마는 고관절이 골절된 뒤로 일어서지 못하고 눕거나 앉거나 밖에 못 하셨다. 그렇게 두 언니 댁에서 생활을 하시다가 오빠가 모시게 되었을 때였다. 주말마다 엄마를 뵈러 한 번 가야지 가야지 하면서 차일피일 미루고 있었다. 오빠 집에 가신지도 얼마 안 되었고, 또 엄마 모시느라 애쓸 올케에게 인사를 해야 할 텐데 하면서도 정작 주말이 되면 다른 핑계를 대고 있었다. 기다리고 계실 엄마를 생각하면 가야 하는데 선뜻 가지지가 않았다. 그렇게 미루다가 엄마가 돌아가셨다. 돌아가시고 나서야 찾아뵙지 못한 걸 후회했지만 이미 소용없는 일이었다.

그렇게 돌아가신 엄마의 장례식에서였다. 엄마의 마지막 모습을 보는 시간이 되었다. 언니는 마지막인데 엄마 얼굴 한번 만져보라고 했다. 그러나 나는 돌아가신 엄마가 너무 무섭게만 느껴져서 엄마를 만질 수가 없었다. 그 자리에서는 슬픔보다 무서움이 컸다.

막내로 누구보다 엄마의 사랑을 오래 받았던 나다. 그런 내가 무섭다고 마지막 가시는 엄마를 따뜻하게 안아드리지 못한 기억은 두고두고 내 뇌리에서 떠나지 않았다.

그러나 엄마는 다시 돌아오지 못하신다. 과거에 있었던 일은 바꿀 수 없다. 바꿀 수 없는 과거를 붙잡고 후회하는 것은 또 다른 후회를 만드는 일밖에는 안 된다. 지난 과거에 대한 후회가 나의 미래에까지 영향을 미치게 할 수는 없다. 과거 속에서 벗어나지 못하여 지금 현재를 살지 못하게 한다. 현재를 살지 못하게 되면 밝은 미래를 장담할 수 없다.

후회가 많은 사람은 자존감이 문제다. 후회는 바뀔 수 없는 과거를 후회한다는 면에서 부정적인 감정이고 벗어나야만 하는 감정이다. 후회되는 순간에 머물러 있는 나를 찾아서 그때는 그럴 수밖에 없었음을 인정해주고 용서해줘야 한다. 용서하는 순간 후회는 줄고 자존감은 올라간다. 그러나 후회가 후회로만 머물지 않는다면 후회도 무조건 나쁜 것이라고만 생각하지는 않는다. 후회를 반성하고 들여다보는 과정을 통해 과거의 나를 현재로 끌어올 수 있는 원동력이 될 수 있기 때문이다.

21일 자존감 습관 트레이닝

후회가 반복되는 사건이 있다면 후회하는 시간은 하루 한 번 5초로 제한할 것

후회가 찾아오면 '아, 후회가 찾아 왔구나.'하고 후회하는 상황만 인지하고 끝내라. 다른 감정이 들어갈 틈을 두지 마라. 후회는 하루 5초면 충분하다.

07
작심삼일도 일곱 번이면 된다

나쁜 습관은 그냥 사라지지 않는다.
그것은 스스로 없애야 하는 프로젝트이다.
– 아비가일 반 뷰렌

부정적 습관을 바꾸는 YES

성당에서 고해성사를 할 때면 늘 고민하는 바가 있다. 지난번 고해성사를 할 때 고백했던 죄들을 똑같이 다시 짓고 고해소 앞에 서게 되는 일이다. 다른 사람들도 그런 고민을 토로하는 것을 보면 매번 같은 죄를 짓게 되는 것은 나만의 고민은 아닌 것 같다.

우리 일상의 90%가 습관에서 나오는 것이라고 한다. 어떤 말이나 행동 또는 선택을 하기 전에 내가 생각하고 내 의지대로 하는 것 같지만 그 생각이나 의지도 다 습관이다. 일상생활의 습관이 내 죄짓는 습관까지 연결된다고 생각하면 습관의 힘이 놀랍기만 하다.

과거의 불쾌하고 고통스러운 기억들을 자꾸 떠올리고 괴로워하는 것이야말로 사람을 더욱 불행하게 만드는 부정적 습관이다. 부정적 습관을 없애야만 불쾌하고 고통스러운 과거에서 벗어날 수 있다. 그러기 위해서는 우리 생각부터 긍정적으로 바뀌어야 한다.

나 또한 과거의 상처들을 껴안고 버리지 못했었다. 무슨 일만 생기면 옛날 기억들을 꺼내놓고 '내가 그렇지 뭐.'라고 생각하며 한없이 작아졌었다. 자존감, 열등감, 감정들에 관한 책들을 아무리 읽어도 쉽게 고쳐지지 않았다. 그러나 어느 순간 내가 습관적으로 과거의 상처들을 꺼내보고 자괴감에 빠져서 그 상태를 즐기고 있었음을 알게 되었다. 과거의 부정적 경험들을 자꾸 들추어내어 현실에 결부시키는 부정적인 습관이었다. 문제는 그 부정적 습관을 어떻게 바꿀 것인가에 있다.

숀리 라임스는 중산층 가정에서 태어나 아이비리그를 졸업하고 미국 드라마 〈그레이 아나토미〉 등 미국을 대표하는 TV 드라마의 PD이다. 누가 봐도 완벽한 인생을 살고 있는 여성이다. 그러나 그런 숀리 라임스도 말이 없고 내성적이며 새로운 환경을 싫어하는 사람이었다. 다른 사람들과의 관계에서 발생하게 될 결과가 두려워 초대나 섭외에는 절대 응하지 않았다. 그런 삶은 그녀 자신이 선택한 일이었지만 그녀를 불행하게 하고 불평불만만 가득하게 만들었다. 그런 그녀가 그동안의 부정적인 습관을 고치기로 마음먹었다. 'NO'의 습관을 'YES'로 바꾸기로 결심한 것이다. 『1년만 나를 사랑하기로 결심했다』에서 자신의 1년 결심을 실행한 이야기를 다음과 같이 털어놨다.

"나는 지금까지 가장자리에 서 있었다. 벽을 붙잡고, 혼자 상상의 나래를 펴고, 뭔가 할 말이 있기 바라며 그렇게 서 있었다. 이제는 그런 생활을 접어야 했다. 1년의 도전을 통해 배운 게 있다면 껍데기 밖으로 고개를 내밀고 내 모습을 드러내지 않는 이상, 사람들은 나를 그 껍데기로 알 수밖에 없다는 것이었다."

언니의 한마디 "너는 뭐든 좋다고 하는 법이 없지?"라는 말은 숀리 라임스의 인생을 바꿔놓았다. 긍정의 'YES'를 실행한 결과, 늘 외롭고 불안했던 과거를 깨끗하게 청산할 수 있었다. 더 자주 웃었고 더 대담해졌고, 다른 사람의 칭찬을 그대로 받아들일 줄 아는 긍정적인 사람이 되었다. 언제까지나 어두웠던 과거의 껍데기 안에 갇혀서 혼자 상상의 나래를 펴가며 내 인생을 불행으로 몰아넣을 수는 없다. 과거에 집착하는 사람은 미래를 꿈꾸지 못한다. 과거의 부정적 경험들로 꽉 채워져 있는 마음에 미래의 희망이 들어갈 자리가 없기 때문이다.

현재를 살아가지 못하는 것도 내 안에 가득 찬 과거의 실패 경험을 꼭 붙잡고 놓지 못하는 습관 때문이다. 우리가 과거에 경험하고 생각한 모든 것은 우리의 현재 행동이나 습관 속에 녹아 있다. 그러나 사람은 현재 상태에 그대로 머물러 있는 존재가 아니다. 성장하고 진화하는 존재이다. 과거의 부정적 습관을 비우고 그 자리를 긍정적 습관으로 채워나가는 것은 얼마든지 가능한 일이다.

숀리 라임스는 언니의 말을 듣고 자신의 부정적 습관을 알아채고 바꾸기로 결심하였다. 결심으로부터 행동의 변화가 시작된다. 우리 안에 부정적 습관이 있다는 것을 알았다면 고치려고 결심부터 해야 한다.

작심삼일도 일곱 번이면 된다

결심한 마음이 사흘을 가지 못한다는 의미에서 나온 '작심삼일'. 그만큼 자신이 그동안 해온 습관을 고치기가 어렵다는 이야기이다. 그러나 이 작심삼일을 일곱 번만 반복하면, 우리의 습관이 변하고 우리의 인생이 바뀐다. 바로 '21일의 법칙'이다.

미국의 성형외과 의사 맥스웰 몰츠는 그의 저서 『성공의 법칙』에서 "무엇이든 21일만 계속하면 습관이 된다."고 했다. 사고로 사지를 잃은 사람이 잘린 팔과 다리에 심리적으로 적응하는 기간을 연구하다 발견한 21일의 법칙이다. 21일은 생각이 의심 · 고정관념을 담당하는 대뇌피질과 두려움·불안을 담당하는 대뇌변연계를 거쳐 습관을 관장하는 뇌간까지 가는 데 걸리는 최소한의 시간이다. 뇌가 새로운 행동에 익숙해지는 데 걸리는 최소한의 시간이 21일이라고 한다.

브라이언 트레이시도 정신적 습관과 삶의 방향을 바꾸는 가장 강력한 방법의 하나로 21일간에 걸친 PMAPositive Mental Attitude 프로그램을 권한다. 21일 동안 하루 종일 긍정적인 습관으로 채우는 것이다. 생각의 습관을 바꾸는 노력을 21일 동안은 계속해야 진정한 내 습관으로 바꿀 수 있다는 것이다.

다음은 몰츠가 주장하는 낡고 부정적인 습관을 새롭고 긍정적인 습관으로 변화시키는 8가지 기법이다.

① 가능한 한 명랑하게 지낼 것
② 다른 사람에게 친절하게 행동할 것
③ 다른 사람의 실패, 결점, 실수 등에 대해 좀 더 너그러울 수 있도록 참을성 기르기
④ 가능한 한 성공한 것처럼 행동하기
⑤ 어떠한 사실에 비관적이거나 부정적인 내 의견을 덧입히지 않기
⑥ 하루에 최소 세 번씩은 웃는 훈련하기
⑦ 가능한 한 조용하고 지적으로 반응하기

⑧ 아무것도 바꿀 수 없는 비관적이고 부정적인 '현실'에 대해서는 이를 완전히 무시하고 차단하기

21일 동안 꾸준히 실천한다면 우리는 분명히 긍정의 습관으로 바꿀 수 있을 것이다. 잘 알고 있겠지만 작심삼일을 잊지 말아야 한다. 작심하루라도 괜찮다. 작심하루를 스물한 번 하면 된다. 올빼미형인 내가 새벽 5시에 일어나서 책을 읽겠다고 작정했을 때 성공할 수 있었던 이유는 작심삼일은 물론이고 6시에 일어났어도 성공으로 인정해주는 여유였다. 완벽하지 않아도 꾸준히 계속하는 것이다.

앞에서도 말했지만 나의 부정적인 습관은 과거의 좋지 않은 경험을 현재로 소환해서 스스로 작아지는 것이다. 이런 나에게 일침을 가하는 성공학자가 있다. 앞에서 말한 21일 PMA를 주장한 브라이언 트레이시다. 그는 불우한 가정에서 태어나 고등학교를 중퇴한 뒤 식당 접시닦이로 시작해서 지금은 '브라이언 트레이시 인터내셔널' 회장으로 20여 개의 분야에서 수많은 성공 신화를 탄생시킨 성공 전략전문가이다. 그는 『백만불짜리 습관』에서 이렇게 말한다.

"어린 시절을 힘들게 보낸 사람, 혹은 나쁜 인간관계, 예를 들어 자신을 속이고 배반한 상사나 친구, 사업 파트너가 있는 사람, 아니면 지금까

지 살아오면서 비참한 대우를 받아본 적이 있습니까? 그런 경험을 내려놓아 버리세요."

'이제는 안 돼. 그동안 충분했어.'라고 말해주기

지금 겪고 있는 대부분의 불행은 과거의 부정적인 경험을 놓지 못하는 데서 생기는 것이다. 그 사건을 겪으면서 상처와 고통의 대가를 치렀으면서도 그 경험의 불씨를 끄지 못하고 계속 반복해서 대가를 치른다.

나의 과거를 소환해오는 부정적인 습관을 바꾸는 방법은 바로 이것이다. 나에 대한 미안함이다. 또 다시 손해 보지 않으려는 마음이다. 아끼던 그릇을 깨뜨렸을 때 두고두고 속상해하면 나만 손해다. 깨진 그릇도 아까운데 거기에 내 마음까지 속상하면 두 배로 손해 보는 것이다. 이미 깨진 그릇은 빨리 잊어버리고 더 좋은 그릇을 장만하면 그만이다. 아무리 아까워해도 깨진 그릇은 다시 붙여서 사용할 수 없다.

과거에 나는 이미 많이 힘들었다. 그리고 그 힘들었던 과거를 껴안고 살아오느라 지금까지 또 괴로웠다. 늘 우울한 분위기에 젖어 있었고 활짝 웃지 못했다. 한 번 고통스러웠으면 그만이다. 두 번, 세 번 그 기억을 소환해서 현재의 나까지 괴롭히는 것이다. 나에게 미안하다. 이제부터라도 나를 과거로부터 해방시켜 줄 시간이다. 좀 밝게 웃으며 살게 해주고 싶다.

부정적인 생각이 떠오르면 이렇게 말해준다.

"이제는 안 돼. 그동안 충분했어."

그리고는 바로 긍정적인 생각으로 채워준다.

나는 지금도 수시로 긍정과 부정을 오락가락한다. 그러나 습관의 문제라는 것을 안 다음부터는 부정적인 생각이 떠오를 때는 얼른 알아차리고 긍정적 생각으로 돌리려고 노력한다.

작심삼일도 일곱 번이면 21일이다. 습관이 바뀌는 최소한의 시간이다. 작심하루 했다고 '나는 역시 안 돼.'하고 포기하면 부정적 습관에게 지는 것이다. 다시 '작심하루를 더 하면 된다.'라는 마음으로 긍정적인 습관에 한 발 더 다가가라. 더 이상 지난 과거의 기억과 부정적인 감정들에 끌려다니는 것은 나에게 미안한 일이다. 오늘부터 바로 21일 긍정적인 습관을 실천해라. 작심삼일도 일곱 번이면 된다.

21일 자존감 습관 트레이닝

부정적인 생각이 떠오르면 '그동안 충분했어. 이제는 안 돼.'라고 나에게 말하기

그동안 부정적인 생각으로 우울을 자처했던 나에게 내가 해줄 수 있는 것은 부정적인 생각을 차단해주는 것이다. 단호하게 '더 이상은 안 돼.'라고 말해주는 것은 나를 지키기 위한 가이드 라인이다.

후회되는 순간에 머물러 있는 나를 찾아서 그때는 그럴 수밖에 없었음을 인정해주고 용서해줘야 한다. 용서하는 순간 후회는 줄고 자존감은 올라간다.

2장

The 21-day habit for raising self-esteem

나 자신을 위해 지키는
최소한의 예의

자존감 습관1
습관처럼 하던 생각을 뜯어고쳐라

당신이 무엇을 하든 긍정적인 생각이 부정적인 생각보다
더 좋은 길로 이끌어줄 것이다.
– 지그 지글러

생각도 습관이다

옆 사무실의 부장님은 늘 나를 챙기느라 바쁘시다. 꼭 들어야 하는 연수가 있으면 바로 체크했다가 일정과 시간을 알려주신다. 중간에 오셔서는 연수 신청에 필요한 연수 번호는 받아왔는지 다시 확인하신다. 연수 신청 당일에는 "오늘 9시부터 연수 신청이야. 잊지 말고 신청해."라고 알려주기까지 하신다. 연수뿐만이 아니다. 회의가 있는 날이면 "오늘 3시부터 시청각실에서 회의 있어. 알지?" 하고 상기시켜주시고, 회의 시간 전에 또 한 번 회의라고 알려주신다.

모든 학교의 일정을 꿰고 계셔서 뭐든 물어보면 바로바로 답이 나온다. 확실하지 않다 싶으시면 그 자리에서 바로 확인하고 답을 주신다. 그런 분과 2년 넘게 같이 근무를 하니 그렇지 않아도 꼼꼼하지 않은 나는 완전히 긴장을 놓아버린다. 심지어는 내가 기억하지 못할 것 같은 나의 일정을 그 부장님께 미리 말씀드리고 잊지 않도록 챙겨달라고까지 한다.

기억력은 나이 들면서 점점 감퇴된다고 하지만 꼭 그런 것 같지도 않다. 옆 사무실의 부장님은 무엇이든 당신이 정확하게 알지 않으면 바로바로 확인하는 습관이 있다. 그에 비해 나는 나에게 중요하지 않다고 생각되는 일들은 대부분 그냥 넘겨 버린다. 필요하면 서류를 찾아보면 되고 옆에 부장님께 물어보면 되니 별로 걱정할 것이 없다.

이제는 무엇을 기억하려는 생각 자체를 하지 않게 된다. 행동만 습관인 줄 알았더니 기억력도 습관의 결과인가 싶다. 내가 부장님께 먼저 알려드리려고 시도해 보지만 그것도 쉽지 않았다. 습관의 힘이 무섭다.

얼마 전 교육 관련 강좌를 들을 때였다. 첫 시간에는 각자 자기소개하는 시간이었다. 나는 자기소개를 할 때 "저는 느린 사람입니다. 그렇지만 끝까지는 가는 사람입니다."라고 내 소개를 했다.

'느리지만 끝까지 가는 사람', 내가 나에게 붙여준 별명 같은 것이다. 나는 늘 과거 어디인가를 배회하는 사람이었다. 몸은 현재에 있고 현재를 살아가면서도 동시에 과거의 기억들도 함께 동거하는 사람처럼 살아왔다. 내가 지금 하는 모든 일은 과거의 어느 시점과 연결되어 있었다. 삶은 명료하지 않았고 명쾌하지 않았다.

살면서 웃을 일이 없지는 않았을 텐데도 돌아보면 그 웃음보다는 웃음 뒤에 우두커니 서 있는 내 모습이 먼저 보였다. 현재의 나는 우울할 이유가 없는데도 바탕화면은 늘 회색 빛이었다. 바탕화면의 정체가 무엇인지도 모르고 하루하루를 바쁘게 살아왔다. 지금보다는 나은 내일이어야 한다는 생각, 현재에 안주하는 것은 퇴보하는 것이라는 생각에 마음은 항상 분주했다.

그러나 정작 중년이라는 나이가 되어 돌아본 내 인생은 회색빛 바탕화면 위에서 제자리걸음만 열심히 한 꼴을 하고 있었다. 나는 열심히 살았는데 결과는 왜 이럴까? 왜 아직도 내 바탕화면은 회색빛을 못 벗어나고 있는 것일까? 그것은 바로 생각의 습관이었다.

현재의 내 상황이 조금이라도 마음에 안 들거나 거슬리는 일이 생기면 바로 과거의 비슷한 상황을 떠올리고 '그때도 이랬어.' '그때나 지금이나 달라진 건 하나도 없어.'라며 내 생각을 접고 그 상황에서 발을 뺐다. 어릴 적 상처가 되었던 기억들을 실패로 단정하고 이제는 그 실패를 습관적으로 떠올리며 현재의 상황까지 실패로 몰아갔던 것이다.

'처음에는 사람이 습관을 만들지만 그 다음에는 습관이 사람을 만든다.'라는 존 드라이든의 명언처럼 과거의 기억을 떠올리고 그때의 감정을 고스란히 현재에 적용하던 습관은 열심히 살았으나 과거에서 한 발짝도 떼지 못한 나를 만들었다. 어쩌면 내가 열심히 살았다고 생각하는 것도 과거의 기억과 현재를 동시에 살아가느라 마음만 바빴던 것일 수도 있다.

그래서 과거 실패의 기억을 떨쳐버리고 다시 살아보자고 생각을 바꾸었다. 그리고 보니 나는 무엇을 시작하기엔 제법 나이가 들어 있었다. 그러나 이제까지 제자리걸음만 해온 나에게 미안한 마음에서라도 한 가지씩 도전해보기로 했다. 생각의 습관을 바꿔보자는 결심이다. 그렇게 시작한 작은 도전들은 진행이 느리고 힘겨웠지만 하나씩 성취의 기쁨으로 다가왔다.

작은 성취의 경험들은 모여서 제자리걸음만 하던 나를 '느리지만 끝까지는 가는 사람'으로 만들었다. 과거로만 향하던 나를 현재에 충실하게 하고자 하는 생각이 만들어낸 결과이다.

부정적인 생각 습관에 적극적으로 반응하기

강좌의 네 번째 시간이었다. 함께 참여했던 선주 씨는 다니던 회사에서나 지금의 사무실에서나 실적이 항상 1, 2위를 다투었다. 그런데 지금 이 강좌에서는 자신이 그렇게 앞서나가지 못하는 것 같아서 괴롭다고 했다. 성공도 결국은 성공을 생각하는 습관의 결과이다. 선주 씨는 1, 2등은 못 했지만 빠른 성과를 거두었다. 그렇다면 나는 어떻게 되었을까? 느리지만 끝까지 가서 지금 이렇게 당신의 손에 이 책이 놓여 있다.

'생각대로 살지 않으면 사는 대로 생각하게 된다.'

폴 부르제의 명언이다. 생각하며 살아야 하되 그 생각은 반드시 긍정적인 생각이어야 한다. 과거에 살지 말고 미래를 꿈꾸며 현재를 살아야 한다. 긍정적인 생각은 우리의 인생을 행복하고 풍요롭게 만든다.

과거의 실패 기억이 다시 떠올라 '넌 그때도 그랬어. 지금도 마찬가지야.'라고 말한다면 그 생각에 정면 도전을 해보자. 다른 사람이 우리에게 '네가 뭘 한다고 그래, 가만히나 있어.'라고 할 때 우리 마음에 무엇인가 불쑥 치밀어 오르는 것이 있지 않나? 그런 것처럼 나 자신의 부정적인 생각 습관에도 적극적인 반응을 보이는 것이다.

'그때는 그랬어. 그래서 지금은 그러기 싫어.'
'내가 하고 싶은 대로 하겠어.'

단호하게 대응하자. 이런 적극적인 대응의 경험이 모여서 긍정적인 생각 습관을 형성한다.

다른 사람 앞에서 말할 때, 내 말에 집중하는 것 같으면 갑자기 얼굴 빨개져서 하던 말도 빨리 마무리해야 했던 나였다. 그래서 사람들 앞에 서는 말을 많이 하지 않았다. 그러나 직장 생활을 하고 나이를 먹어가니 다른 사람들 앞에 서게 되는 경우가 점점 많아졌다. 얼굴 빨개지면 창피하다는 생각에 적극적으로 대응했다. 그래서 빨개질 때마다 나에게 물어본다.

"빨개지는 것이 왜 창피한 일인지 세 가지 이유를 대봐."

나는 한 가지 이유도 제대로 대지 못했다. 지금은 다른 사람들 앞에 나가서 발표하거나 여러 사람들과의 대화에서 크게 긴장하지 않는다. 오히려 말을 많이 해서 이제는 자제해야 되겠다고 생각하기도 한다. 그러면서도 말 많은 내가 싫지 않다.

나는 자기소개에서 '느리지만 끝까지는 가는 사람'이라고 썼다. 이렇게 자기를 다른 사람에게 '나는 어떠어떠한 사람이다.'라고 소개하는 것에 대해 몰츠는 그의 저서 『성공의 법칙』에서 다음과 같이 말한다.
'나는 이러저러한 사람이야.'라고 하는 말은 굉장히 의미심장하고 강력한 말이다. 이는 자아 이미지의 주변부가 아닌 핵심을 드러내는 말이며, 그 외의 모든 생각이나 감정, 행위, 결과 등이 여기에 순응하게 되어 있다. 이는 또한 필요할 때마다 어떤 식으로 승리감을 드러내고 강화해나 가는지를 보여준다.

　몰츠는 이렇게 나를 소개하는 말을 이용하여 '긍정적인 자아'를 선언하 는 훈련을 할 것을 권하고 있다. "나는 이러이러한 사람이다."라는 자신 에 대한 이 진술을 어떤 자기 부정적인 요소가 침입해 와도 자동적으로 반응할 수 있게 될 때까지 주문을 외우듯 반복하라고 한다.

　내가 되고 싶은 자신만의 자기소개를 만들어 보자. 당신은 어떤 사람 인가?

21일 자존감 습관 트레이닝

'나는 ○○○○한 사람이다.'라고 자신이 원하는 모습으로 자기를 소개하라.
나를 '느리지만 끝까지 가는 사람'이라고 소개했을 때 '느리지만 끝까지 가는 사람'이 되어 있었다. 자신을 소개하는 그대로 생각, 감정, 행위, 결과도 따라간다. '나는 ○○○○한 사람이다.'라고 수시로 주문을 외우 듯 반복하라.

자존감 습관2
미래의 나에게서 힌트를 얻어라

남들이 싫어한다고 자기가 좋아하는 걸
숨기고 사는 것도 바보 같다고 생각해요.
– 영화 〈족구왕〉 중에서

미래에서 온 족구왕, 만섭이가 사는 법

"과거로 다시 돌아갈 수 있다면 언제로 돌아가고 싶은가?" 하는 이야기를 나눌 때가 있다. 각자의 삶의 과정을 돌아보며 '그때는 내가 왜 그랬는지 몰라!' '내가 너무 어렸어.' '실컷 놀기라도 해볼 걸.' 등등의 살아온 이야기 끝에 나오게 되는 질문이다.

당신은 타임머신이 있다면 언제로 돌아가고 싶은가? 우리나라 중장년층이 가장 후회하는 것은 학교 다닐 때 공부를 열심히 하지 않은 것이라고 한다. 더 열심히 공부했으면 지금보다 더 나은 위치에서 살 수 있었으리라는 아쉬움일 것이다. 그 때문인지 내가 물어본 대부분의 사람들은 학창 시절로 돌아가고 싶다고 했다. 다시 돌아가서 열심히 공부하고 싶다는 것이다.

그렇지만 생각보다 과거로 '다시 돌아가고 싶지 않다.'라는 사람들이 많다. 친구들과의 수다에서도 어르신들과의 대화에서도 마찬가지다. 이 나이 먹기까지 어떻게 살아왔는데 다시 그 삶을 살라는 말이냐고 반문한다.

지나온 삶이 고단한 사람일수록 과거로 돌아가고 싶지 않다고 할 것 같았다. 그렇지만 그런대로 유복한 삶을 살아온 사람들도 지금이 좋다고 하는 경우를 많이 본다. 뭐 하나 힘든 것 없이 살아온 것처럼 보이는 사람들도 각자의 삶의 무게는 다 무겁게 느끼는 것 같다.

남편은 20대로 돌아가고 싶다고 한다. 너무 재미없는 대학 생활을 했다는 것이다. 어려운 가정 형편에 학교 다니느라 하고 싶은 것도 제대로 한 번 못 해본 것이 아쉽다는 것이다. 돌아가서는 환경에 굴하지 않고 하고 싶은 것 다 하며 열정적으로 살아보고 싶다고 한다.

영화 〈족구왕〉은 남편의 마음에 들어갔다 나온 사람이 만든 것 같은 영화다. 주인공 홍만섭은 가진 것은 등록금 대출이 전부인 식품영양학과 스물네 살 복학생이다. 과 선배는 평점 2.1에 토익 시험은 본적도 없는 만섭에게 충고한다.

"제대했다고 들떠서 여자 만날 생각하지 말고, 군바리 티내지 말고, 있는 듯 없는 듯 조용히 강의실 도서관 기숙사 다니며 공무원 시험 준비해."

청년 실업이 심각한 상황에서 갈 곳을 잃고 헤매는 청년들은 자신의 꿈과 이상은 접어두고 오직 취업을 위해 젊음의 시간들을 어둡게 보낸다. 답답한 현실에서 청년들이 선택하는 것은 대부분 공무원 시험이다. 하고 싶은 일을 모두 포기하고 밤낮으로 공무원 시험 공부에 매진한다. 그러나 만섭은 '내가 하고 싶은 것은 공무원이 아니라 연애'라고 당당히 밝힌다.

대출금의 이자도 연체되어 식당 아르바이트를 전전하는 만섭이다. 하지만 자기가 하고 싶은 일은 다 하며 사는 청년이다. 만섭이 첫눈에 반해버린 캠퍼스의 퀸카 안나는 만섭에게 여자는 족구를 좋아하지 않으니 여자와 사귀고 싶으면 족구를 그만두라고 말한다. "축구는 선수들도 잘생겼고 돈도 잘 벌고, 몸도 좋다. 그러나 족구는 더럽고 찌질하다."라고 말한다. 그런 안나의 말에 만섭은 "나는 족구가 재미있다. 남들이 싫어한다고 자기가 좋아하는 걸 숨기고 사는 것도 바보 같다고 생각한다."라고 자기의 생각을 소신 있게 밝힌다.

만섭의 대답에 뭔가 흑하고 한 대 맞은 기분이 드는 것은 젊은 청년들만은 아닐 것이다. "모두가 '예'라고 말할 때 '아니오'라고 말할 수 있는 사람, 그 사람이 좋습니다."라는 TV광고를 기억하는가? 내가 싫은데도 주변 사람 눈치 봐가면서 싫다고 말하지 못하고 '예'라고 대답하는 사람들이 얼마나 많았는지 지금도 그 광고는 여기저기 자기의 생각을 말할 때 많이 인용되는 것을 볼 수 있다.

등록금이 없어 등록을 못 하면서도 만섭은 담담히 자신이 원하는 일을 하면서 자신의 인생을 살아간다. 그러나 가진 것이 훨씬 더 많은 안나의 남자친구 강민은 부상으로 인한 국가대표 탈락이라는 실패를 인정하지 못하고 우울한 삶을 살아간다. 족구와 축구를 비교하는 것은 무의미한 일이다. 자신의 인생을 누구와 비교하며 살아가는 사람은 자신의 인생을 살아가지 못하는 사람이다. 자신의 인생을 살아가는 사람이야말로 가진 것이 없어도 당당하고 매력적인 사람이다.

그러나 만섭도 처음부터 자기 인생의 주인으로 산 것은 아니다. 만섭은 영어 연극 테스트 시간을 빌어서 안나에게 자신의 신분을 밝히고 사랑을 고백한다.

"당신이 믿으실지 모르겠지만, 저는 사실 지금으로부터 50년 후인 2063년 미래에서 왔습니다. 그때 저는 직장암으로 죽음의 문턱에 서 있었습니다. 너무나 고통스러워서 죽고만 싶었습니다. 바로 그때 한 천사가 내게 다가왔습니다. 천사는 제가 전 우주를 통틀어 가장 지루한 인생을 살았다면서 천국에 가서도 즐기지 못할 거라 말했어요. 그리고는 저를 2013년으로 돌려보내 주었습니다.

스물네 살로 말이죠. 군대를 다시 가야 했습니다. 그래도 20대로 돌아오니 정말 좋았습니다. 왜냐하면 저는 그때 연애 한 번 못 해보고 밤낮 없이 공무원 시험 준비에만 파묻혀 살았거든요. 2013년으로 돌아가면 하고 싶은 일들이 정말 많았어요. 먼저 족구를 매일매일 하고 싶었습니다. 또 뭘 할까 생각하던 중 문득 떠오르는 것이 있었습니다.

천사같이 아름다운 한 여자가 있었습니다. 그런데 저는 겁쟁이처럼 그녀에게 고백 한 번 못 하고 멀리서 그저 지켜보기만 했었습니다. 정말 병신 같았습니다. 하지만 이제 제게 드디어 기회가 생겼습니다. 이번엔 꼭 그러지 않겠다고 다짐했습니다. 사랑합니다. 당신을 진심으로 사랑합니다."

미래의 관점에서 바라보라

과거를 돌아보면 '그때 내가 왜 그랬을까?' 하고 후회될 때가 있지 않는가? 더 큰 꿈을 꾸지 않은 자신이 안타깝지 않았는가? '조금만 더 멀리 보았더라면 그렇게 괴로워하지 않았을 텐데.' 하며 속 끓이던 자신이 안쓰러울 때가 있지 않았나? 미래에서 과거의 자신을 본 사람들은 과거에 후회했던 일, 안타까웠던 일들을 다시 되풀이하지 않을 것이다. 미래에서 온 만섭이 그랬던 것처럼 현재를 더 충실히 살 수 있을 것이다.

기회가 왔을 때 미적거리지 않고 용기 있게 다가가고, 여기서 포기하면 평생 후회할 것 같을 때 포기하지 않고 밀어붙일 수 있는 힘은 미래의 관점에서 바라볼 때 더 강력하게 발휘된다.

『오늘 나는 더 행복하다』의 저자 배서희는 11년차 여군 장교이며 육군 항공 조종사다. 사소한 일조차 버겁게 느껴질 때는 비행을 하면서 극복한다고 한다. 내가 있었던 곳은 분명 큰 아파트였는데 하늘 위에서 바라보면 작은 건물일 뿐이다. 같은 사물이라도 다른 시각과 관점에서 바라보면 완전히 다른 세계가 펼쳐진다.

땅 위의 촘촘한 나무들도 하늘에서 보면 그저 초록색의 산으로만 보인다. 앞만 보고 가다 보면 이 길이 맞는지 돌아가고 있는지 모른다. 그러나 좀 더 높은 곳에서 보면 어디로 가야 하는지 한 눈에 알 수 있다. 그래서 전체를 조망하려면 반드시 멀리서, 위에서 봐야 한다고 말한다.

하루하루 바쁘게만 살아왔지 고개 들고 멀리 한 번 바라보지 못하고 살았다. 좀 더 높은 곳에서 좀 더 멀리에서 종종거리며 살았던 나를 바라볼 수 있었다면 내 삶은 더 여유 있어지지 않았을까? 내가 가는 길이 맞는 길인지 돌아가는 길은 아닌지 알 수 있다면 삶은 한결 편안해지고 후회할 일도 덜할 것이다.

최근에 자기소개서를 쓸 일이 있었다. 과거, 현재, 미래의 칸이 나누어져 있었다. 과거는 쓸 말이 많아서 쓰라는 칸을 채우고도 넘쳤다. 현재는 열 줄 정도에 정리가 되었다. 문제는 미래였다. 자기소개서에 미래라는 칸이 원래 있는 것인가 하는 의심이 들었다. 미래를 깊이 생각해본 적이 없으니 쓸 말이 없는 것은 당연한 얘기다.

한때는 내 기분이 우울하게 느껴질 때는 남편에게 "당신 꿈이 뭐야?"라고 물어봐달라고 했었다. 기분이 다운되었을 때 꿈이 뭐냐고 물어오면 마음이 밝아졌다. 꿈이 이루어진 모습을 상상하는 것만으로도 기분이 좋아져서 당장의 우울이나 걱정도 덜하게 되었다. 그러나 어느새 미래의 칸을 한 줄도 채우지 못하는 꿈이 없는 삶을 살고 있었다.

미래를 꿈꾸지 않는 사람에게 현재는 그저 살아내야 할 숙제이다. 그러나 꿈이 이루어진 미래의 나를 볼 줄 아는 사람에게 현재는 꿈을 이루어나가는 성취의 과정이다. 그래서 현재의 어떤 실패도 고통스럽기만 한 것은 아니다. 오늘을 견디어 내야 할 숙제로 여기고 살아야 할지 이미 이루어진 꿈을 향해 한 발씩 나아가는 오늘을 살지는 우리의 선택에 달려 있다.

하루하루가 힘든 사람들은 미래를 보지 못하고 현재 속에서만 살아가는 사람들이다. 미래가 없으니 내가 가는 길의 방향이 어디로 가는 길인지도 모른다. 현재에서 과거를 돌아보면 그 순간에는 보이지 않았던 것들을 볼 수 있게 된다. 그때는 죽을 것만 같았던 일들이 그렇게 큰일이 아니었음을 알게 된다. 지금 사는 것이 괴롭다면 미래의 관점에서 현재의 나를 돌아보기를 권한다. 어떻게 살아야 할지 어떤 길을 가야 할지 미래가 답을 줄 것이다.

21일 자존감 습관 트레이닝

지금 삶이 버겁게 느껴진다면 10년 후 미래에서
오늘의 나를 보는 습관

힘들었던 과거도 돌아보면 흐릿해진 기억으로 남는다. 지금의 고통도 미래의 관점에서 보면 어떻게든 지나갈 일이다.

자존감 습관3
어떤 상황에도 나 자신이 먼저다

'어떤 상황에서도 나 자신을 먼저 생각한다는 것' 이것이야말로
내가 나에게 주는 최고의 선물이다.
— 구윤영

톡하면 화가 나고 눈물이 나는 미숙 씨

미숙 씨는 40대 미혼 여성이다. 퇴근길에 가벼운 접촉 사고를 내고 말 았다. 직장 동료 정현 씨에게 전화를 해서 와줄 수 있느냐고 물었다. 정 현씨는 난처했다. 미숙 씨의 집은 정현 씨와는 정반대 방향이었다. 사고 가 난 지점까지는 거리도 멀었다. 자동차도 밀리는 금요일이었다. 사고 내용을 들어보니 큰 사고는 아닌 것 같아 전화로 처리 방법을 알려주는 것으로 마무리를 지었다.

월요일 출근한 미숙씨는 정현 씨에게 '사람이 어떻게 그럴 수 있느냐?'

라며 화를 냈다. '같은 직장 동료인데, 그것도 여자가 혼자 교통사고 현장에서 떨며 와달라고 전화를 했는데 어떻게 안 올 수 있느냐?'는 것이다. 정현 씨는 뭐라고 대답도 못하고 고스란히 듣고만 있었다. 다른 직원들도 그렇지 않느냐고 동의를 구하는 미숙 씨에게 묵묵부답이다.

미숙 씨는 사무실에 친한 사람이 없다. 이것도 불만 저것도 불만에, 불쑥불쑥 화를 내는 미숙 씨는 여길 가도 저길 가도 외톨이다. 자기도 왜 그런지 모르겠다며 속상해한다. 미숙 씨는 2남 2녀의 장녀다. 부모님은 두 분 다 살아 계셨지만 집안이 가난했다. 고등학교 졸업하고 시작한 직장 생활로 세 명의 동생을 대학 공부시키고 결혼까지 시켰다.

엄마가 아프셨을 때는 당연히 결혼한 남동생이 모셔갈 줄 알았다. 그렇지만 자기들은 부인 눈치도 보이고, 애들도 있고, 맞벌이여서 엄마를 돌보기가 어려우니 '혼자 사는 누나가 모시면 안 되겠느냐?'라고 했다. 화는 났지만 엄마가 올케들 눈치 보며 사실 것을 생각하니 그것도 아니다 싶었다. 미숙 씨가 돌아가실 때까지 어머니를 모셨다.

부모님 모두 돌아가시고 돌봐야 할 동생들은 다 자기 가정 꾸리고 잘 살고 있었다. 그런데 미숙 씨는 점점 우울해지기 시작했다. 미숙 씨는 동생들 가르치느라 대학도, 결혼도 포기하고 이 나이를 먹었는데 동생들은 그때 이야기를 하면 또 그 얘기냐며 그만하라고 한다. 미숙 씨는 툭하면 화가 나고 눈물이 난다.

미숙 씨의 이야기를 듣고 나니 그동안 미숙 씨의 행동이 이해되기도 했다. 동생들 챙기고, 어머니 모시느라 정작 자신의 삶은 살지 못했던 것이다. 자신은 대학도 결혼도 포기하고 동생들을 가르쳤다. 하지만 이제 동생은 더 이상 미숙 씨의 희생담을 듣고 싶어 하지 않았다. 자신의 희생의 대가인 동생들이 자신을 인정해주지 않는 것 같아 속상했다.

다른 사람들을 위해 자신을 희생하다 보면 언젠가는 자신 혼자만 남겨진 것 같은 외로움만 남게 된다. 미숙 씨도 그 외로움이 커서 결혼하려고 했다. 그러나 배우자를 만나는 것도 마음대로 되지 않았다고 한다. 미숙 씨의 돌보지 못한 감정은 오롯이 미숙 씨 혼자 감당할 몫으로 남겨질 수밖에 없었다.

범수 씨는 미숙 씨의 동생과 같은 입장에 있는 사람이다. 자기를 위해 희생한 누나를 생각하면 미안한 마음이 든다고 했다. 나 때문에 누나가 학교를 가지 못했다는 생각은 나이를 먹을수록 더하다고 한다. 미숙 씨는 희생 후의 외로움을, 범수 씨는 미안함을 가지고 산다.

미숙 씨의 부담을 동생들과 나누었으면 어땠을까? 혼자 그 부담을 짊어지고 사느라 지치지 말고, '나 혼자 감당하기 버거우니 나누어 함께 지자.'라고 말했다면 미숙 씨의 짐은 훨씬 가벼워졌을 것이다. 동생들에게도 어려움을 함께 나눌 기회를 제공하게 되는 것이다.

딸들은 대개 '엄마처럼 살기 싫다.'라고 한다. 가족을 위해 희생하는 엄마의 모습이 딸에게는 행복해 보이지 않는 것이다. 엄마가 행복해야 가족이 행복하다. 희생하고 나서 "내가 널 어떻게 키웠는데." 하는 엄마보다 자기 인생을 행복하게 사는 엄마가 더 좋다고 한다. 그럴 때 딸들은 "나도 엄마처럼 살래."가 되는 것이다. 사랑하는 사람들을 위한 희생도 좋다. 그러나 나 아니면 돌봐줄 사람 없는 '내 안의 나'는 누가 사랑해줄 것인가?

어떤 상황에서도 나를 먼저 생각하기

가족뿐만 아니라 일반적인 사람들과의 관계에서도 나를 지키는 일은 중요하다. 특히 남녀관계에서는 더 그렇다. 자신은 아닌데도 단호하게 'NO!' 하지 못하고 상대방의 요구에 끌려 다니다가 상처만 받고 돌아오기도 한다. 어떤 상황에서도 나 자신의 생각과 감정이 먼저라는 것을 명심해야 한다.

오래전 이야기이긴 하지만 자신이 먼저였을 때와 타인이 먼저였을 때의 경우가 어떤 결과를 가져오는지 보여주는 좋은 사례이기에 이야기를 가져와본다. 중3 지원이는 착하고 순한 여학생이었다. 휴대폰 문자메시지를 보고 깜짝 놀라자 친구들이 무슨 문자냐며 같이 보자고 했다. 휴대폰에는 사귀는 오빠가 보내온 야한 사진이 있었다. 꼬치꼬치 물어보는 친구들에게 지원이는 그동안의 사정 이야기와 함께 오늘이 그 오빠와 함께 밤을 보내기로 한 날이라고 털어놓았다.

지원이와 그 오빠는 가족들끼리 친한 사이였다. 유치원 때부터 잘 놀던 사이였지만 중학교에 들어오면서 오빠는 지원이에게 이성적으로 접근해오기 시작했다. 타지에 있는 고등학교로 입학을 한 후부터는 성적인 요구를 강하게 해오기 시작했다. 지원이는 그 오빠가 남자 친구로 싫은 것은 아니지만 성적인 요구는 받아들이기가 어려웠다. 오빠는 수시로 휴대폰을 통해 성적인 요구를 해왔다. 저녁 때마다 학원 앞으로 찾아와서 '사랑한다'고 고백했다. 지원이는 그렇게 자기를 사랑하는 오빠에게 성적인 요구를 들어주지 않는 자신이 나쁜 사람 같이 느껴졌다고 했다. 착한 오빠에게 미안했다고 했다.

비슷한 시기에 상담을 요청했던 중3 여학생 하선이도 지원이와 비슷한 곤란을 겪고 있었다. 그러나 하선이는 상대편 남학생에게 단호하게 싫다고 이야기를 했다. 싫다고 말하고도 계속되는 남자 친구의 요구에 어떻게 대처해야 할 것인지 도움을 요청한 것이다.

지원이도 하선이도 모두 상대가 이성 친구로는 좋지만 육체적인 관계는 싫다고 했다. 그러나 자신의 의견을 명확히 밝히고, 그래도 해결이 안 되었을 때는 다른 사람의 도움을 청하는 용기를 가진 하선이는 자신을 지킬 수 있었다. 지원이는 다행히도 문자를 본 친구들이 대신 도움을 청하여 원하지 않는 상황까지는 가지 않게 되었다.

두 사건을 처리하면서 착하다는 말의 의미를 다시 생각해보게 되었다. 우리는 어렸을 때부터 착하다는 말을 커다란 칭찬으로 들으며 살아왔다. 착해야 하고 착한 사람이 되려고 노력한다. 그러나 착한 사람은 자신의 착함을 유지하기 위해 다른 사람의 부탁을 거절하기 어려워하며 거절하더라도 곧 후회한다. 지원이는 착한 학생의 대표였다. 그러나 정작 자신에게는 착하지 못했다.

여자 친구가 감당하기 어려운 요구를 하는 오빠가 나쁜 사람이다. 미안할 사람은 오빠이다. 그러나 엉뚱하게도 상대에게 미안해하고 자신이 나쁜 사람이라고 생각하는 것은 착한 것이 아니다. 자기가 원하는 삶이 아니라 상대가 원하는 삶을 살아주는 바보다. 다른 사람의 삶을 대신 살아준 이후에 자신에게 남겨지는 것은 상처뿐인 빈껍데기뿐이다.

어떤 상황에서도 나 자신을 먼저 생각한다는 것은 이기적인 마음이 아니다. '내 인생을 살 것이냐 남의 인생을 살아줄 것이냐.'라는 중요한 문제이다. 나의 생각과 감정, 내 마음의 소리가 무엇인지 귀 기울이고 그 소리에 충실할 때 나는 진짜 내가 원하는 내 인생을 살 수 있다. 가족 아니라 어느 누구도 내 인생을 대신 살아줄 사람은 없다. 정신 똑바로 차리고 '나를 먼저 생각할 것!' 이것이야 말로 내가 나에게 주는 최고의 선물이다.

21일 자존감 습관 트레이닝

내 인생을 살고 싶다면 어떤 상황에서도 나 자신을 우선순위에 두는 습관

'내가 너무 이기적인가?'라는 생각이 들어도 과감하게 나 먼저 생각하라. 내 생각과 감정에 솔직할 때 진짜 내 인생을 사는 것이다.

자존감 습관4
내 감정과 생각을 표현하라

스스로 존경하면 다른 사람도 그대를 존경할 것이니라.
– 공자

'가족이 먼저지, 왜 다른 사람을 먼저 생각하느냐?'라는 남편의 불만

예의 바른 사람이 좋은 사람이고 바른 사람이라고 배웠다. 이웃 사람을 만나면 먼저 웃으며 인사하는 것도 이웃에 대한 예의를 차리는 것이다. 그러나 이런 예의는 다른 사람에게만 차리는 것인 줄 알았다. 나 자신에게도 차려야 할 예의가 있다는 것은 나이를 한참 먹은 후에나 알았다.

남편은 나에게 '가족이 먼저지 왜 다른 사람을 먼저 생각하느냐'는 말을 자주 했었다. 남편과 내가 말다툼하는 이유이기도 하다. 나에게 가족은 나이기도 했다. 나보다 다른 사람을 먼저 배려하고 생각하는 것이 옳은 일이고 예의라고 생각했다. 이런 나 때문에 남편은 불만이 많다.

예를 들면, 저녁 식사 다 차려놓고 먹으려고 하면 전화가 온다. 통화를 쉽게 끊지 못하고 저녁 식사는 식어만 간다. 가족과의 선약보다 다른 사람과의 약속이 먼저고, 남편이 기다리고 있는데도 쉽게 대화를 끊지 못해서 남편을 기다리게 하는 일이다. 나는 나름대로 그럴 만한 이유가 있다고 생각하는데 그럴 때마다 남편은 짜증 폭발이다. 그때는 남편은 이해심이 부족한 사람이라고 생각했다. 이제는 남편에게 미안하다. 그것은 이웃에 대한 예의도 아니고 단지 내가 '지금은 곤란하다.'라는 말을 상대편에게 명쾌하게 하지 못했기 때문이었다.

내가 거절하면 상대방의 마음이 불편할까 봐 조심하면서 내 마음 불편한 것은 한 번도 돌보지 않았다. 늘 상대방의 입장을 먼저 생각하고 나는 조금 희생해도 된다는 생각이었다. 그것이 상대에 대한 예의이고 내가 할 수 있는 최대한의 배려였다. 그래서 스스로 생각하기를 '나는 공감 능력이 뛰어나고 배려심 있는 사람'이라고 생각했었다.

그런 남을 위한 공감 능력과 배려심이 정작 나에게는 정반대의 결과를 가져온 일이 발생했다. 남편과 말다툼으로 불편한 관계에 있었을 때였다. 이웃 어른이 우리 부부와 함께 가구 공장에 가구를 보러 가고 싶다고 하셨다. 우리 부부가 함께 가구를 봐줬으면 좋겠으니 주말에 별일 없으면 같이 가자는 것이었다. 같이 가보자는 가구점이 자동차로 2시간 정도 걸리는 거리에 있었고, 우리는 가구를 살 일도 없었다.

순간 이건 아니다 싶었다. 머릿속에서는 '어떻게 거절을 해야 하지?'라고 고심하면서도 부부싸움 했다는 말을 하기는 싫었다. 또 그날 다른 일정이 있는 것도 아니어서 뭐라고 거절을 해야 하나 곤란해만 하고 있었다. 그러나 내가 우물쭈물하는 사이 그냥 같이 가는 것으로 되고 말았다. 후회는 그 순간부터 시작되었다. '우물쭈물하다가 내 이럴 줄 알았다.'라는 버나드 쇼의 묘비명이 죽을 때만 쓰는 말이 아니라는 것을 절실히 느끼며 다음부터는 정말 아닌 것은 '아니다.'라고 해야겠다고 다짐했다.

자동차 안에서도 가구점 안에서도 '내가 왜 여기에 있어야 하지?'라는 생각과 함께 단호하게 '못 가겠다.'라고 말하지 못한 내가 마음에 안 들어서 심란했었다. 지금 다시 생각해도 어이없고 바보같이 느껴진다. 남의 입장 먼저 생각하느라 나는 늘 뒤로 밀리는 일이 사실은 이번 한 번이 아니라는 것을 깨달았다. 작은 결정들도 남에게 먼저 선택권을 주고 따라가던 습관이 이번에도 나타난 것이다.

거절한다는 것, 특히 나보다 윗사람들의 제안에 거절하기는 쉽지 않다. 거절하자니 거절 후에 발생할 수도 있는 불편함을 감당하기 어렵고 들어주자니 내가 곤란한 지경이다. 적당히 핑계를 대자니 거짓말을 하는 것 같아서 마음이 불편하다. 심리학에서는 거절을 못 하는 이유를, 거절했을 때 발생할 수 있는 상대방과의 불편한 관계 때문이라고 한다.

그러나 거절 후 염려하는 인간관계의 문제는 걱정하는 것처럼 일어나지 않는다. 잠깐 실망할 수는 있겠지만 그 실망이 인간관계를 깨뜨리는 결과까지 가져오지 않는다. 오히려 싫어하면서 억지로 '예' 했을 때 내 마음속에 생기는 부정적 감정이 더 문제다.

식당에 가서 무엇을 먹을지 결정하는 작은 결정에서부터 내 의견을 말하는 습관이 필요하다. 가구점 일이 있고 나서야 그동안 내가 상대방에 대한 배려라고 생각했던 행동들이 사실은 거절 후 발생할 수 있는 불편함을 피하고자 했던 행동임을 인식하게 되었다. 작은 일이어도 내 주장이 필요했던 것이다.

내 생각과 감정을 표현하는 연습

그 뒤부터는 의식적으로 내 의견을 제시하는 연습을 했다.

'아무거나 시켜.'에서 '나는 볶음밥을 먹겠다.'로, 침묵에서 '제 생각은 이렇습니다.'라고 내 생각을 던지고, '다 괜찮아 보여요.'에서 '나는 이것이 마음에 듭니다.'로, '저는 괜찮아요.'에서 '저는 그날 이러저러한 일이 있어서 함께하지 못할 것 같습니다.'로 바꾸었다.

다른 사람 감정보다 내 입장을 우선순위에 두었다. 처음엔 이렇게 내 의견 똑부러지게 제시하는 일이 왠지 차가워 보이고 이기적인 것 같아 마음이 불편했다. 그러나 결코 차갑고 이기적인 것이 아니었다. 단지 내 생각을 물어오는 사람에게 솔직하게 내 생각을 말한 것뿐이다.

내 속마음과 다르게 뭉뚱그려 '예!'하는 것은 상대편이 정말 바라는 일이 아니다. 정말 들어주지 못할 부탁을 해올 때 적당한 핑계를 대는 것도 거짓말이라고 생각하며 마음 불편해하지 않았으면 좋겠다. 어차피 거절할 수밖에 없는 부탁이라면 적당한 이유를 대주는 것도 상대방에게 갖추는 예의일 수 있다.

이런 작은 연습이 거듭될수록 신기하게도 나 자신이 조금씩 세워지고 있다는 느낌이 들었다. 자장면을 먹을지 짬뽕을 먹을지와 같은 작은 결정이었지만 이 결정들은 나의 마음속 생각을 누르지 않고 인정해준 것이다. 이런 인정들이 모여서 나의 자존감을 한 단계 높여주는 결과를 가져왔다. 마치 걸음마를 처음 배우는 어린아이와 같은 느낌이라고 할까? 이 나이에 걸음마 연습이라니 남들이 보면 웃을 얘기일지 모르겠다. 하지만 나는 이제라도 제대로 된 걸음마를 배우게 되어 다행이고 감사했다.

이렇게 쉬운 것을 그동안 왜 못하고 살았을까? 자기 생각과 감정을 표현하는 것이 뭐가 힘들다고 이제껏 나를 우물쭈물 끌려다니는 사람으로 만들었을까 생각하니 그렇게 살아오느라 애쓴 나 자신에게 미안했다. 남에 대한 예의 차리느라 내 마음이 상하고 아픈 것은 알아주지 못했다. 나 자신에게도 최소한 갖추어야 할 예의가 있었던 것이다.

'가족이 먼저지 왜 다른 사람 먼저 생각하느냐'는 말은 그런 나 때문에 남편이 겪은 고충이 담긴 말이었다. 나에게도, 가족에게도 사과가 필요하다.

'그동안 미안했어! 누구보다도 너를 먼저 생각했어야 했는데, 한 번도 너를 먼저 생각하지 못했어. 엄마에게 사랑받지 못하는 자식은 외롭고 서럽지. 너도 그랬겠지! 너를 챙겨주고 살펴봐주는 유일한 보호자가 나인데, 그런 내가 너를 제대로 돌보지 못했어. 늘 참으라고만 했고 조용히 있으라고만 했어. 거기다가 수시로 다른 사람과 비교하며 너를 부끄러워했고. 너에게는 그래도 괜찮은 줄 알았어. 너는 잘 참아왔고, 아프다고 소리치지도 않았어. 나를 보라고 떼쓰지도 않았고. 그래서 정말 괜찮은 줄 알았어. 진짜 괜찮은 줄 알았어. 이렇게 속으로 아픈 줄 몰랐어. 미안해. 정말 미안해.'

상대가 누구이든 나보다는 상대편의 감정을 먼저 생각했다. 내가 생각하는 인간관계에서 지켜야 할 최소한의 예의는 상대방의 감정을 다치게 하지 않는 것이었다. 내가 불편한 것은 별문제가 아니라고 생각했다. 그러나 그런 생각은 내 주장 없이 다른 사람의 말에 끌려 다니는 결과를 가져왔을 뿐이었다.

내 주장이 없으니 다른 사람에게는 좋은 사람으로 비칠 수도 있다. 하지만 억눌려진 내 생각과 감정은 내 자존감을 갉아 먹는 주범이 되고 만다. 내 감정에 솔직하지 못한 자신을 스스로는 잘 알고 있기 때문이다. 상대방에 대한 예의를 차리는 것은 필요한 일이다. 그러나 나 자신에 대한 최소한의 예의를 차리는 것은 더욱더 중요한 일이다. 평생 남에게 끌려 다니며 살고 싶지 않다면 말이다.

21일 자존감 습관 트레이닝

거절을 못해서 고민이라면 하루 세 번, 싫다고 말하는 연습

하루 세 번, 들어줄 수 있는 요구라 하더라도 내가 싫다면 '싫다, 어렵다, 곤란하다.'라고 말하는 연습을 해보라. '싫다'라는 말도 여러 번 반복하다 보면 쉬워진다. 그래야 정말 싫은 일을 마주했을 때 '싫다'라고 말할 수 있게 된다.

자존감 습관5
자신만의 기준을 만들어라

삶에 대한 자기만의 기준이 명확하고,
동시에 그 기준이 건강하면 살아가는 데 거침이 없다.
그 기준 외의 것들에 대해서 자유로울 수 있기 때문이다.
살면서 흔들리는 이유는 자기 기준이 없어서다.
– 최인철, 『굿라이프』 중에서

어떤 가치를 두느냐에 따라 달라지는 태도

어떤 사람이 성당 공사장에서 일하고 있는 노동자에게 무엇을 하고 있
는지 물었다. 그러자 한 사람은 "나는 먹고 살려고 돌을 깨고 있다오."라
고 답했다. 다른 한 사람은 "우리는 신이 거주하실 집을 짓고 있지요."라
고 답했다.

브렌든 버처드의 『백만장자 메신저』에 나오는 예화이다. 같은 일을 하
면서도 자기가 하는 일에 어떤 가치를 두느냐에 따라 일을 하는 태도와

마음 자세도 달라진다. 먹고 살려고 돌을 깨는 사람은 그 일이 즐거울 리 없다. 반면 신이 거주할 집을 짓는 사람은 망치질 한 번에도 정성을 다하게 된다.

학교 화장실은 청소해 주시는 분이 따로 계신다. 연세 지긋하신 여자 어르신이 대부분이다. 나는 이 분들과 가끔 차도 마시며 가까이 지내는 편이다. 그러다 보니 어디에 가치 기준을 두느냐에 따라 똑같은 일을 하는데도 행복도는 달라진다는 것을 알게 되었다. 같은 일인데도 어떤 분에게는 감사한 일이 되기도 하고 어떤 분에게는 할 수 없이 하는 짜증나는 일이 되기도 했다. 동시에 나의 일에 대한 가치 기준에 대해서도 돌아보게 되었다.

여러 학생들이 사용하다 보니 학교 화장실은 금방 더러워진다. 화장지를 둘둘 말아서 아무데나 버리는가 하면 두루마리를 통째로 빼서 가지고 들어가는 학생도 있고, 쓰레기통을 발로 차서 부수고, 드물기는 하지만 화장실에서 담배를 피우기도 한다. 이렇게 화장실에 문제가 발생했을 때 처리하는 방법에 따라 네 가지 스타일로 나눠보았다.

첫 번째는, 자화자찬형이다. 자화자찬형의 타깃은 학생이 아니다. 내가 처리를 잘해서 얻어진 좋은 결과가 관심사다. 문제 발생 시에도 "내가 청소하려면 많이 힘들다. 그러니 이렇게 하지 마라."라고 당당히 요구한다. 야단치는 말투가 아니니 학생들도 무리 없이 수긍한다. 생각의 중심이 나에게 있다. 긍정 마인드가 넘친다. '내가 청소를 깨끗하게 해주니 학생들이 항상 깨끗한 화장실을 사용할 수가 있다.'라는 생각이 항상 바탕에 깔려있다. 자존감이 높아 보인다.

두 번째는, 투덜이형이다. 자화자찬형이 '청소 잘하는 나'에게 집중한다면 투덜이형은 잘못한 학생들에게 집중한다. 그러다 보니 잘못한 학생들을 비난하고 혼내게 된다. 본인은 좋은 말로 타이른다고 하는데도 학생들은 혼나는 기분이 들게 된다. 또 만나는 사람마다 자신의 일에 대한 부정적인 말들을 많이 한다.

세 번째는, 내 탓이오형이다. 이 스타일은 자화자찬형과 마찬가지로 중심이 나다. 다른 점은 무슨 일이든지 결론은 나의 처지에 대한 하소연으로 이어진다는 것이다. 학생들이 화장실에서 쓰레기통을 발로 차서 부쉈다면 잘못한 것은 분명히 학생들이다. 그럼에도 불구하고 여기에서 이런 일을 하고 있는 나에게로 화살을 돌린다. 곧잘 자기연민에 빠진다.

네 번째는, 한결같은 형이다. 학생들을 직접 비난하지 않는다. 발생된 문제를 사진 찍어 증거로 남기고 해당 부서에 알리고 교체해달라고 한다. 이 스타일의 특징은 자기 일에 대해 이렇다저렇다 많이 말하지 않는다는 점이다. 다른 사람이 일하기 힘들지 않은지 물어봐도 '할 만하다'는 정도의 간단한 대답으로 일관한다. 표정은 항상 밝은 편이다. 대화의 중심이 업무가 아니다.

행복한 직장 생활을 위한 기준

이렇게 같은 일을 해도 어떤 사람은 행복하고 어떤 사람은 불행하다. 그렇다면 나는 어떨까? 청소 여사님들을 보며 '내가 하는 일에 어떤 가치를 부여하는가? 내가 왜 이 일을 하는가? 문제가 발생했을 때 처리는 어떻게 하는가? 자기연민에 빠진 적은 없는가?' 등을 생각해보게 되었다. 그 생각의 결과 다음과 같은 나만의 행복한 직장 생활 기준을 세우게 되었다.

첫째, 지금 하는 일에 가치를 부여한다.

내가 하는 일이 다른 사람들에게 도움이 된다는 사실을 확실하게 인식하고 있는 사람이라면 내가 하는 일은 누가 뭐래도 중요하고 의미 있는 일이 된다. '다른 사람이 뭐라고 생각할까?'가 문제가 되지 않는다. 그래서 자화자찬형은 당당하다.

스스로 당당하니 다른 사람들도 그를 당당하게 보게 되고 그가 하는 일도 중요한 일로 여기게 된다. 스스로가 가치 없다고 생각하는 일에 다른 사람이 가치를 만들어 부여해주는 일은 절대 없다.

아픈 학생을 돌보고 학생들에게 평생 건강을 책임질 보건 교육을 실시하는 일은 최고의 가치가 있는 일이다. 내 일이 가치 있는 일이라고 느꼈을 때 행복해지고 자존감도 향상되었다.

둘째, 내가 왜 이 자리에 있는지 기억한다.

아픈 학생이 많은 날은 보건실 방문 학생만 100명이 넘기도 한다. 처리해야 할 공문은 밀려 있다. 아니 공문이 한 건도 없다 하더라도 하루 100명 가까운 아픈 학생을 만나는 일은 쉬운 일이 아니다. 짜증내면 안 되지 하면서도 말투는 내 맘과는 다르게 나간다.

이럴 때 나는 이 둘째 기준을 생각한다. '내가 이 자리에 있는 이유가 무엇인지', '국가가 내게 월급을 주는 이유가 무엇인지.'라는 생각을 하면 힘들어도 '그렇지.' 하고 바로 짜증을 거두게 된다. 이것은 '월급 받으니 받은 만큼 일한다.'라는 자조적인 마음이 아니다. 나는 어느 때보다도 학생의 아픈 곳을 충분히 어루만져주지 못했을 때, 학생들에게 꼭 필요한 보건 교육을 실시하지 못했을 때 스스로를 자책하게 된다. 나 스스로의 자존감을 높이기 위한 나만의 기준이다.

셋째, 자기연민에 빠지지 않는다.

화장지를 잔뜩 풀어서 버린 경우는 그렇게 버린 사람의 잘못이지 내 탓이 아니다. 괜히 그 일에 의미를 부여하지 않는다. 그 학생의 잘못된 행위다. 왜 그런 행동을 하게 되었는지 알아보고 타당한 이유가 있었으면 이유에 따라 지도하고 대처하면 된다. 엉뚱하게 자기 신세 타령으로 돌릴 이유가 없다. 자존감 낮아지는 지름길이다.

넷째, 문제가 발생했다면 즉시 기록으로 남기고 빨리 해결책을 찾는다.

발생한 문제는 되도록 빨리 수습해야 한다. 아무리 기다려도 문제는 저절로 해결되지 않는다. 미적거리다가 상황이 더 악화될 수 있다. 남이 해결해주기를 기다리지 않는다. 나와 관련된 문제는 내가 적극적으로 나서서 해결한다. 내가 책임 있게 처리했을 때 스스로에 대한 만족감도 높아진다. 처리 과정을 기록으로 남기고 차후 비슷한 문제 발생 시 참고하는 것은 당연한 수순이다.

내가 하는 일이 객관적으로 보았을 때 가치 없는 일이고, 내가 여기 있어야 할 이유를 잘 모르겠다면 괜한 자기비하하지 말고 사표를 쓰는 건 어떨지 고려해볼 일이다. 차라리 그 시간에 가치 있는 다른 일을 찾아라. 사표 쓸 형편이 안 된다면 자기계발을 해야 한다. 서점의 자기계발 코너에는 힘든 역경이나 한계를 극복하고 성공한 사람들의 이야기들이 가득하다. 그 속에서 답을 찾아보기를 권한다.

스물여덟 살 보건 교사로서의 첫 발을 내딛었다. 2차 면접시험에서 면접관은 보건 교사의 가장 중요한 업무는 학생들의 자기 건강 관리 능력을 키워주는 보건 교육이라고 했다. 학교 현장에서 학생들의 보건 교육에 최선을 다해주기 바란다는 격려의 말과 함께 첫 학교에 부임했다. 그러나 현실은 보건 교육보다는 그 이외의 다른 업무들에 집중하기를 원했다. 학교마다 한 명 밖에 없다 보니 모두 혼자서 감당해 나가야 했다.

본 업무보다 그 외 업무가 주가 되는 상황에서 나는 점점 내 탓이오형이 되어 가고 있었다. 퇴직을 심각하게 고려했다. '지금 내가 하는 일이 가치 있는 일인가? 내가 이 자리에 있는 이유는 무엇인가?'를 깊이 생각했다. 결론은 '그렇다'였다. 그렇지 못한 현실 상황이 문제일 뿐이었다. 내게 요구되고 내가 해야 하는 일은 가치 있는 일이 분명했다. 그리고 지금에 이르렀다.

내 일에 가치를 부여할 것, 내가 이 자리에 있는 이유를 기억할 것, 자기 연민에 빠지지 말 것, 문제는 즉시 기록으로 남기고 적극 해결할 것. 이것이 27년 차 보건 교사로 살아오면서 가지게 된 행복한 직장 생활을 위한 나만의 기준이다.

21일 자존감 습관 트레이닝

자신이 하는 일에 가치를 부여하는 습관

자신이 가치 있는 일을 하고 있다고 생각될 때 나 스스로의 가치도 높게 느껴진다. 자신이 하는 일을 중요하게 생각하고 하나하나 정성을 기울일 때 자존감은 향상된다.

자존감 습관6
늘 배우고 성장하는 나를 발견하라

모든 사람은 천재입니다.
하지만 만약 당신이 물고기를 나무에 오르는 능력으로 평가한다면,
물고기는 평생을 자신이 멍청하다고 믿으며 살 것입니다.
– 알베르트 아인슈타인

학창 시절 기억들

새로 전입할 학교 교직원들과 함께 1박 2일 연찬회에 참석했다. 저녁 8시까지 꽉 찬 일정을 마치고 모두 피곤했지만, 각자의 숙소로 돌아가기가 아쉬워 간단히 치킨과 맥주를 마시기로 했다. 어린 시절 시골 동네에서 놀았던 이야기들이 오가며 분위기는 화기애애해졌다.

D선생님의 초등학교 시절 이야기다. 고학년이었던 선생님은 중간 놀이 시간에 포크 댄스를 배웠다. 반짝반짝 팔 동작을 몇 번하고 파트너와 팔짱 끼고 한 바퀴 도는 동작을 할 차례였다. 부끄러워서 여학생의 팔짱

을 차마 끼지 못하고 팔짱 낀 것처럼 보이게 팔을 빗긴 상태로 한 바퀴를 돌았다.

그때 조회대 위에서 그 모습을 본 포크 댄스 선생님이 D선생님을 조회대 앞으로 부르셨다. 조회대 앞에 서는 순간 포크 댄스 선생님은 다짜고짜 뺨을 때리셨다. 중학교 때는 자기 얼굴보다 훨씬 큰 손바닥을 가진 남자 선생님으로부터 여러 대를 연거푸 맞으며 이러다 죽을 수도 있겠다는 생각도 하셨단다. 맞은 이야기들을 얼마나 맛깔나게 하셨는지 모두들 이야기에 쏙 빠져 재미있게 들었다. 지금은 상상도 못할 상황이지만 그때는 너 나 할 것 없이 많이들 맞았고 그것이 별문제도 되지 않던 시절이 있었다.

사정이야 어떻든 뺨을 맞는다는 것은 절대로 유쾌한 일은 아니다. 아직 친숙하지 않은 사람들 앞에서 뺨 맞은 이야기를 재미있게 해주시는 선생님을 보며 나의 고등학교 합창 연습 시간이 떠올랐다. D선생님의 경우처럼 뺨을 맞은 것은 아니지만 내게는 뺨 맞은 것 이상의 충격을 받은 일이었다. 그러나 내가 그날의 이야기를 다른 사람에게 쉽게 이야기하기까지는 한참의 시간이 필요했다.

고등학교 2학년 때였다. 시험이 끝난 시기였던 것 같다. 교내에서 학급별 합창 대회가 열렸다. 음악 시간은 물론이고 담임 선생님 과목 시간은 당연히 합창 연습 시간이 되었다. 다른 수업 선생님들께도 허락을 구해 수업 시간 대부분을 합창 연습만 했다. 다른 반의 연습 상황까지 염탐해 가면서 열심히 연습했다.

우리 반은 특히 더 심했다. 마침 그때는 인근 사범대학교 학생들이 우리 학교에서 교생 실습을 하는 시기였다. 우리 반에 배정된 교생 선생님은 음악 교육 전공이셨다. 체육 선생님 반이 체육 대회에서 1등을 못 하면 왠지 자존심 상하는 것처럼 우리 반 교생 선생님도 그러셨던 것 같다.

점심시간이나 빈 수업 시간엔 우리 반을 데리고 강당에 가서 연습을 시키셨다. 음악 교생 선생님 반인데 못하면 안 된다는 것이었다. 교생 선생님의 말씀대로 우리들도 불평 한마디 안 하고 열심히 연습했다. 그때 연습한 노래 '들장미'와 '울산아가씨' 두 곡은 지금도 가사와 음정을 정확히 기억하고 흥얼거릴 정도로 많이 불렀다.

강당에서 마지막 연습을 할 때였다. 교생 선생님은 지휘하시다가 자꾸 고개를 갸우뚱하셨다. '울산아가씨'의 어느 한 마디의 음정이 틀린 소리가 들린다고 하셨다. 몇 번을 더 연습시키셨다. 그래도 음정이 안 맞는지 여전히 고개를 갸우뚱 하셨다.

급기야는 "이쪽 사람들만 다시 불러보자."라고 하시면서 내가 서 있는 쪽으로 오셨다. 앞에서부터 한 줄씩 한 줄씩 좁혀 오셨다. 이번엔 우리 줄 다섯 명만 부르게 하시더니 다음은 네 명만 부르게 하셨다. 그러시더니 한 번 더 고개를 갸우뚱하고는 그냥 돌아 가셨다.

그 네 명 속에 포함되었던 나는 세 명으로 두 명으로 좁혀져서 음정 틀린 범인이 나라는 것이 밝혀질까 봐 마음이 콩닥콩닥 뛰었다. '더 이상 안 좁혀도 누가 틀렸는지는 안다. 그렇지만 콕 짚을 수는 없다.'는 듯 돌아서시는 교생 선생님의 마음이 선명하게 읽혀졌다. 나는 음정 틀린 그 한 사람이 나라고 확신했다.

그 뒤로 나는 노래 못하는 사람이 되었다. 여러 사람들 앞에서는 절대로 노래를 하지 않았다. 회식만 하면 2차는 노래방이었던 시절이 있었다. 그때 내게 노래방은 부담 그 자체였다. 부르지 않겠다는 사람을 억지로 끌어내서 끝내 마이크를 쥐어주는 사람들이 원망스러웠다. 그렇게 불려나가면 나는 노래 말고 차라리 춤을 추겠다고 했다.

춤이야 내 맘대로 음악에 맞춰 몸을 흔들면 되는 것이니 '틀리고 맞고'가 없어서 좋았다. 또 노래 대신 춤을 추겠다고 하면 사람들은 더 좋아했다.

그런 나에게도 홈그라운드는 있었다. 가족과 친정 식구들 앞에서다. 가족이야 내가 노래 못 하는 것 다 알고 있고, 노래 못한다고 뭐라고 하지도 않았다. 뭐라고 하면 도리어 '내가 노래까지 잘했으면 당신 나랑 결혼 못 했을 것'이라며 큰소리친다. 친정 언니 오빠들은 노래 실력이 수준급이다. 같은 유전자일 텐데 유독 나만 음정 박자를 못 맞춘다. 그런 언니 오빠들 앞에서 노래 잘하고 못하고는 전혀 상관할 일이 아니다. 내가 어떻게 노래를 하던 호응도 잘 해줘서 좋다.

노래는 못해도 당당한 내가 좋다

그러던 내가 다른 사람들 앞에서도 노래를 부를 수 있게 된 사건이 생겼다. 첫 발령 받은 직장에서였다. 나보다 노래 못하는 사람을 거기서 처음 보았다. 식사가 거의 끝나가자 직원들이 아쉽다면서 P의 노래를 듣고 싶다는 것이다. P는 한두 번 손사래를 치더니 더 이상 강요하지 않았는데도 부스럭부스럭 자리에서 일어났다. 반주도 없이 비틀즈의 'Let it be'를 부르기 시작했다. 아! 내가 아는 'Let it be'는 저런 노래가 아니었다. 내가 들어도 마치 시조를 읊는 것처럼 한없이 아래로 아래로 늘어지기만 했다.

그러나 직원들은 다들 즐거운 표정이다. P가 두 눈을 지그시 감고 얼마나 열창을 하는지 그 모습은 흡사 비틀즈 저리 가라다. P는 P대로 자기 노래에 열중해 있고 직원들은 직원들대로 즐겁다. 나중에 들으니 그 노래는 P가 제일 좋아하는 노래라고 했다. 잘 부르지는 못한다. 그래도 노래하라고 하면 별로 빼지 않고 'Let it be'를 부른다고 했다. 순간 나와는 반대로 남을 의식하지 않고 자기 좋아하는 노래를 당당하게 부르는 P가 달리 보였다.

'사실 그 네 명 중에 음정 틀린 사람이 꼭 나란 법도 없지 않나? 나머지 세 명의 마음은 어땠을까? 혹시 나와 똑같이 느낀 친구는 없었을까?' 하는 한 번도 해보지 못했던 생각을 하게 되었다. 동시에 '그 한 사람이 나라면 어쩔 건데?' 하는 생각도 들었다.

지금은 나서서 노래를 부르지는 않지만 기회가 오면 사양하지도 않는다. 잘하는지 못하는지 생각하지 않고 그냥 열심히 부른다. 음악 선생님과 얘기를 하게 되거나 노래 얘기가 나오면 내가 고2 때 합창 연습 시간의 사건을 얘기한다. 제발 학생 지도할 때 그렇게 조여가지 말라고 어떤 학생은 상처 받을 수 있다고 부탁하는 우스갯소리도 한다.

이제는 가족과 친정 식구들 앞에서만 쳤던 큰소리를 다른 사람들 앞에서도 친다. "내가 이 미모에 노래까지 잘하면 하느님이 불공평하신 거야." 노래는 이제 더 이상 나를 어쩌지 못한다.

오마이뉴스 대표이사이자 꿈틀리 인생학교 오연호 이사장의 강의를 듣게 되었다. 오연호 대표는 현재 꿈틀리 학교 축구부 코치를 맡고 있다. 학창 시절에는 축구공이 자기 앞으로 날라 오면 무서워서 도망 다니느라 바빴던 사람이다. 그랬던 사람이 '서른아홉 살 때 덴마크 애프터스콜레 젊은이들과 한 축구 경기에서 자신감을 찾아 꿈틀리 인생학교의 축구 코치까지 하게 되었다.'고 한다.

공이 무서웠던 오연호 이사장은 '너 때문에 졌어.'라는 경기 후에 돌아올 친구들의 비난이 두려워서 공 앞에만 서면 몸이 저절로 움츠러들었다고 한다. 그러나 덴마크의 그 젊은이들은 공을 못 차도 '너 때문에 졌다.'고 비난하지 않는 분위기였으며, 오히려 공을 많이 찰 수 있도록 기회를 주었다. 한마디로 내가 공을 못 찼어도 '네 탓이다.'라고 비난 받지 않는다는 편안한 마음과, 기회를 주고자 공을 더 많이 패스해주는 젊은 친구들의 배려 속에서 축구에 흥미를 갖게 되었다. 그리고 지금의 축구부 코치도 즐겁게 하고 있다.

내가 음정 틀린 노래여도 가족과 친정 식구들 앞에서는 당당하게 부를 수 있었던 이유도 오연호 대표의 이유와 다르지 않다. 노래 못한다고 흉 보지 않을 사람이라는 확신과 열심히 호응해주는 배려 때문이었다. 신이 아닌 이상 무엇이든 다 잘하는 사람은 없다. 못한다고 비난하지 말고 잘할 수 있도록 기회를 주고 더 격려해줘야 한다.

못한다고 기죽을 이유가 없다. 괜히 내 자존감만 떨어진다. 못하면 못하는 대로 인정하고 받아들이면 된다. 또 잘하고 싶다면 도전해서 배우면 된다. 잘하려고 노력해보지도 않고 못한다고 움츠러드는 것이야말로 자존감을 낮추는 지름길이다.

사람은 평생을 배우면서 살아가는 존재다. 틀린 것이 있으면 수정하고, 몰랐던 것은 배워가면서 살아야 한다. 틀렸다고 몰랐다고 주눅들 것 하나도 없다. 틀리고 몰랐던 것을 알고도 고치거나 알려고 하지 않고 탓만 하는 것이 더 나쁜 일이다. 오늘도 배우며 성장하고 있는 내 안의 나를 찾아 칭찬해주는 하루가 되었으면 좋겠다.

21일 자존감 습관 트레이닝

못한다고 움츠러들지 말고 잘하려고 노력하는 습관

무엇인가를 못해서 스트레스 받고 자존감도 낮아진다면 잘하도록 행동하라. 꼭 100점이 아니어도 괜찮다. 도전하는 내 모습에서 오는 성취감은 내 자존감을 '업' 시키기에 충분하다.

자존감 습관7
건강한 몸에 건강한 정신이 깃든다

건강한 자는 모든 희망을 안고, 희망을 가진 자는 모든 꿈을 이룬다.
– 아라비아의 격언

자존감도 건강해야 지킬 수 있다

최근 몇 년 자존감에 대한 관심이 많아지고 있다. 서점에서는 자존감을 주제로 한 책들이 베스트셀러로 진입하고, 자존감을 높이는 방법에 대한 강연들도 인기가 많다. 이처럼 자존감이 화두가 되는 이유는 좀 더 행복한 삶을 살고자 하는 사람이 그만큼 많다는 반증이다.

행복하기 위해서는 튼튼한 자존감이 필요하고 튼튼한 자존감을 갖기 위한 방법으로는 건강을 빼놓을 수 없다. 자존감을 높이기 위한 방법들이 많이 소개되고 있지만 그 기본은 건강이다.

얼마 전 나는 갑자기 삶을 대하는 태도에 조급증이 더해져 내 몸을 심하게 혹사한 적이 있었다. 새벽 5시부터 밤늦게까지 쉬지 않고 활동을 했다. 퇴근 후 저녁 9시 넘어서까지 해야 할 일정이 잡혀 있었고, 목표한 양의 책을 읽지 못했거나 계획한 일을 끝내지 못했을 때는 계획대로 다 마쳐야 잠자리에 들었다.

저녁 식사는 거의 못 할 때가 많았다. 충분치 않은 식사량과 부실한 영양으로 늘 기운이 없었다. 잠이 부족하니 눈은 충혈되고 보는 사람들마다 피곤해 보이니 쉬라는 말을 했다. 그러나 나에게는 쉴 수 있는 마음의 여유가 없었다. 몸에 무리가 가는 것을 알면서도 내 계획을 수정하지 않았다.

그러던 어느 날 익숙하게 하던 수영 영법을 잊어버려서 물속에서 그대로 멈추기를 몇 번 했다. 주고받았던 카카오톡 내용들도 모두 낯설게 느껴지는 이상 증상을 경험하게 되었다. 모든 것을 내려놓고 쉬라는 의사의 조언을 듣고 나서야 내 조급증을 멈출 수 있었다. 그때의 이상 증상은 내 조급한 마음이 불러온 몸의 이상이기도 했지만, 건강하지 않은 몸이 가져온 마음의 병이기도 했다. 몸과 마음이 하나임을 여실히 알게 된 경험이었다.

정신건강의학과 전문의 김병수는 감정의 달인이 되는 6가지 방법 중

첫 번째가 자신의 몸을 챙기는 것이라고 했다. 자신의 감정을 알아채고 감정을 스스로 조절할 수 있는 마음의 힘은 균형 잡힌 신체를 유지하는 것에서부터 시작된다고 한다. 규칙적인 수면 습관과 식사 습관으로 몸의 리듬을 찾는 것은 마음 건강을 챙기는 좋은 방법이다.

우울증에 약을 먹는 것보다 가벼운 운동이 더 효과적이라는 사실은 이미 많은 사람이 알고 있는 사실이기도 하다. 나의 조급증은 내 자존감을 올리기 위한 시도였다. 그러나 혹사당한 몸은 이상 신호를 보냈고 나는 의도했던 것과는 반대로 자존감은 더 떨어지기만 했다. 자존감도 건강해야 지킬 수 있다.

몸의 건강과 함께 마음의 건강이 중요하게 떠오르는 요즘이다. 2016년 보건복지부에서 실시한 정신질환실태 역학조사 결과를 보면, 우리나라 사람 네 명 중에 한 명은 평생을 살면서 한 번 이상 정신 건강 문제를 경험한다고 한다. 내 주변에서도 우울증이나 불면증 같은 마음 건강의 문제로 휴직을 하는 경우가 많아지고 있다.

마음이 아픈 것은 청소년들도 마찬가지다. 발령 초기 보건실을 방문하는 학생들은 주로 신체 질병이 문제였다. 그러나 점점 마음이 아픈 학생들의 비율이 늘어나고 있다. 어른들에게도 어린 학생들에게도 산다는 것이 물 흐르듯 평탄하지만은 않은 것 같다.

미희는 직장 생활 20년 차 베테랑이다. 같은 일을 20년 동안 해오니 웬만한 일은 눈감고도 척척 처리할 정도로 업무 처리 능력이 뛰어났다. 그런 미희가 문서 처리에서 사소한 실수를 저질렀다. 하지만 사소하다고 생각한 실수의 결과는 점점 커졌다. 그 일을 해결하는 과정에서 여러 사람에게 자신의 실수가 알려지게 되었다.

미희는 실수가 알려지는 것도 창피한 일이지만 자신이 그런 어처구니없는 실수를 했다는 사실이 견디기 힘들다고 했다. 자신의 실수를 해결하는 과정에서 상사가 보인 떠넘기는 듯한 태도에도 배신감을 크게 느꼈다. 마음이 아프니 몸도 아파 와서 직장을 잠시 쉬어야만 했다.

마음이 건강한 사람은 실패의 상황이나 자신의 힘으로 해결할 수 없는 곤란한 지경에 이르렀을 때 그 상황 속에 오래 머무르지 않고 툭 털어버리고 일어나 자기 할 일을 한다. 실패한 상황에 집중해서 해결책을 찾고 상황이 종료되면 바로 일상으로 돌아오는 것이다. 건강하지 않은 사람은 실패의 상황 속에 파묻혀 쉽게 빠져나오지 못한다. 상황과 함께 '내가 왜 그랬을까?' 하는 후회와 자책, 일이 어떻게 진행될지에 대한 불안과 걱정 같은 부정적 감정 속에서 머물러 있다. 상황에 집중하기보다 상황에 따른 자신의 감정 처리가 더 버겁게 느껴지는 것이다.

장애는 나에게 주어진 장점이다

같은 학교에 근무하는 교감 선생님은 "장애는 나에게 주어진 장점이다."라고 말씀하시는 분이다. 세 살 때 소아마비를 앓고 두 다리가 불편하셔서 지팡이를 짚고 다니신다. 초등학교 4학년 때까지는 네 발로 기어 다니셨다고 한다. 그래도 또래들이 하는 놀이는 하나도 빼놓지 않고 다 하셨다. 뒷동산에서 총싸움도 하고, 겨울엔 비료부대로 눈썰매 만들어 타기를 즐겼고, 여름엔 냇가에서 물놀이까지, 내가 어렸을 때 한 놀이보다도 더 많은 놀이를 하셨다. 장애는 친구들과 노는 데 아무런 문제가 되지 않았다.

초등학교 등하교는 아버지가 자전거로 시켜주셨다. 밖에서는 네 발로 기어 다녔지만 집안에서는 벽을 잡고 서서 다니는 연습을 했다. 그런 모습을 보신 아버지는 하교 길에 집 가까이 오면 교감 선생님을 자전거에서 내려놓고 자전거를 잡고 따라오게 하셨다. 그런 연습을 통해 5학년 때부터는 지팡이를 짚고 두 발로 서서 걸을 수 있게 되었다.

그 뒤로 지팡이는 교감 선생님에게 제2의 다리가 되었다. 그런 교감 선생님에게 "너 대학가면 치마도 입고 예쁜 핸드백도 메고 다녀야 하는데 언제까지 지팡이를 짚고 다닐 거야?"라는 언니의 지나가는 한마디는 새로운 도전이었다. 그날부터 두 발로 걷는 연습을 하기 시작했다. 최근 다시 지팡이를 짚기까지 두 발로 30년 넘게 살아올 수 있었던 것은 상황에 굴하지 않고 도전하는 건강한 정신이 있었기 때문이다.

자신에게 찾아온 장애가 원망스럽지 않았느냐는 나의 질문에 그런 생각은 별로 하지 않았다고 하셨다. 원망하는 마음보다는 장애의 상황에서 할 수 있는 일들에 더 집중하셨다고 했다. 소아마비라는 장애는 교감 선생님의 인생에서 더 이상 장애가 아니었다.

교감 선생님은 자신의 장애를 그대로 인정하고 받아들이신 분이다. 자신에게 찾아온 장애를 상황으로만 인식했고 그 상황에서 자신이 할 수 있는 일들에 최선을 다하셨다. 장애에 부정적 감정을 더하여 스스로를 한계에 가두지 않으셨다. 그렇기에 네 발에서 세 발로 세 발에서 두 발로 일어날 수 있었고 자신과 같은 장애를 가진 청소년들의 멘토로 한국의 헬렌 켈러라는 호칭을 들을 수 있었던 것이다. 마음이 건강한 사람은 어떤 장애가 있어도 자존감이 높은 사람이다.

몸이 건강해야 건강한 마음을 담을 수 있다. 규칙적인 운동과 균형 잡힌 식사, 충분한 휴식으로 신체 건강을 지키는 것은 몸 건강뿐만 아니라 마음 건강도 지키는 일이다. 마음이 건강한 사람은 어떤 어려움이나 장애가 닥쳐도 쉽게 좌절하지 않는다. 부정적인 생각이나 부정적인 감정이 자신을 휘두르게 그냥 두지 않기 때문이다. 자신이 처한 상황을 그대로 받아들이고 그 상황에서 담담히 문제를 풀어나갈 뿐이다. 건강한 사람에게 자존감은 덤으로 오는 선물이다.

21일 자존감 습관 트레이닝

몸을 건강하게 유지하는 꾸준한 운동 습관

하루 10분이라도 한 가지 운동을 21일 꾸준하게 하라. 해냈다는 성취감은 작은 성공의 경험이 된다. 작은 성공의 경험이 쌓여서 나는 나에게 '괜찮은 사람'이 된다.

마음이 건강한 사람은 실패의 상황이나 자신의 힘으로 해결할 수 없는 곤란한 지경에 이르렀을 때 그 상황 속에 오래 머무르지 않고 툭 털어버리고 일어나 자기 할 일을 한다.

3장

The 21-day habit for raising self-esteem

저절로 행복해지는
인간 관계의 비밀

자존감 습관8
더 이상 상처를 무기로 쓰지 마라

당신의 상처를 지혜로 바꾸세요.
– 오프라 윈프리

감사는 감사를 낳고

친구는 대학 졸업 후 첫 직장을 경남 밀양에서 시작하게 되었다. 충청남도를 떠나본 적 없는 22살 어린 아가씨가 아는 사람은커녕 한 번도 가본 적 없는 낯선 도시로 첫 발령을 받았다. 학교의 교장 선생님께서 이런 사정을 아시고 이웃 학교 교장 선생님 댁에서 살 수 있도록 연결해주셨다. 지금 생각해보면 불편한 관계였을 수도 있었을 텐데 친구는 교장 선생님 댁에서 서울로 전근 올 때까지 3년을 잘 살고 나왔다.

자녀를 다 성장시켜 출가시킨 교장 선생님 부부는 친구를 딸처럼 대해

주셨고, 친구도 멀리 타지에서 부모처럼 의지하며 지냈다. 이사하는 날 친구는 교장 선생님께 받은 은혜를 어떻게 갚아야 할지 모르겠다고 인사 말씀을 드렸다. 이에 교장 선생님은

"내가 별로 잘 해준 것도 없지만 혹시 고맙다고 생각한다면, 꼭 나한테 은혜를 갚아야 한다고 생각하지 말아요. 살면서 도움이 필요한 다른 사람에게 똑같이 베풀어주세요. 그러면 나에게 은혜를 갚은 것과 마찬가지입니다."라고 말씀하셨다고 한다.

은혜는 꼭 베풀어준 사람에게만 갚아야 하는 줄 알았다. 친구의 교장 선생님 말씀을 듣고 같은 나이의 나도 큰 감동을 받았던 기억이 있다. 그 말씀은 지금도 살아가는데 좋은 모토로 삼고 있다. 감사는 이렇게 감사를 낳고 두 배, 세 배 감사의 씨앗을 뿌린다. 나이를 먹어가면서는 '잘 살아야겠다.'라는 생각을 더 많이 하게 된다. 교장 선생님처럼 좋은 에너지를 전파하는 사람이 되고 싶지만 그렇지 못하더라도 남에게 상처 주는 사람은 되면 안 되겠다는 생각을 하게 된다.

상처는 상처를 낳기도 하지만

3교시부터는 시험 시작인데 영숙이의 열이 40도까지 올랐다. 냉찜질 해주고 해열제를 먹여도 열이 떨어지지 않았다. 어머니도 전화를 안 받

으셨다. 시험을 포기하고 병원 갔다가 집에 가서 쉬기를 권했다. 그러나 영숙이는 시험을 꼭 봐야 한다고 고집을 부렸다. 영숙이를 데리고 학교 근처 병원에 갔다. 주사 맞고 열이 떨어지기 시작해 3, 4교시 시험까지 무사히 잘 마쳤다.

하교 시간 즈음에야 영숙이 어머니와 전화 연결이 되었다. 열이 나서 병원 데리고 갔다 왔다는 말에 불같이 화를 내시면서 당장 학교로 달려오셨다. "왜 함부로 병원에 데리고 가고 맘대로 해열 주사를 맞혔느냐?"라고 따지셨다. 학기 초 조사한 자료에는 영숙이는 주사 알러지도 없었고, 학부모와 연락이 안 될 시에는 학교에서 적절한 응급처치를 실시할 수 있다는 동의서도 제출했다. "영숙이도 병원에 다녀와서 시험 보겠다."라고 말했다고 차근차근 경위를 말씀드려도 막무가내로 소리만 치셨다.

"이건 가만히 있을 일이 아니다. 하마터면 주사 때문에 영숙이가 죽을 수도 있었던 큰일이니 그냥 넘어갈 수 없다. 교육청에 당장 신고하겠다."

급기야는 말리던 담임 교사와도 옥신각신 다툼이 시작되었다. 담임 교사가 영숙이를 차별대우한다는 것이다. 교감 선생님의 중재로 담임 교사는 자리를 떠나고 다시 타깃은 내가 되었다.

어머니가 많이 흥분한 상태라 대화가 어렵다고 생각되었다. 우선은 앉으시라고 하며 차를 드리겠다고 했다. 그런데 그 순간 또 폭발하셨다.

내가 웃었다는 것이다. "이 상황에 웃음이 나오느냐? 내가 그렇게 우습냐?"라며 또 펄펄 뛰신다. 영숙이는 엄마를 달래느라 전전긍긍했다.

영숙 어머니는 이런 적이 처음이 아니다. 영숙이는 어머니가 생각하는 것처럼 학교에서 차별대우를 받거나 하는 일은 없었다. 성격도 밝고 예의도 발라서 친구들도 많고 선생님들도 다 예뻐하는 학생이다. 나 같으면 아픈 영숙이를 데리고 병원 다녀와 준 학교 측이 고마울 것 같은데, 고맙기는커녕 이렇게 화를 내시니 모두가 당황스러웠다.

이렇게 하시는 것이 나름대로 생각하는 나와 내 딸을 지키는 방법이라고 생각하시는 것 같았다. 그러나 담임도 나도 더 걱정되는 것은 엄마가 한 번씩 학교에 오실 때마다 매번 상처받는 영숙이었다.

영숙이 어머니가 어떤 상처가 있는지 자세한 사정은 모른다. 그러나 그날 영숙 어머니의 모습은 '누구라도 영숙이를 건드리는 사람은 그냥 두지 않겠다.'라는 철통같은 방어 자세처럼 보였다. 영숙 어머니를 처음 보는 나도 '어떤 마음의 상처가 있으신가?'라고 의심이 들 정도였다.

감사가 감사를 낳듯이 상처가 상처를 낳는 경우를 심심치 않게 본다. 과거에 상처받은 것만으로도 충분히 아팠는데 그 과거의 상처를 기억하고 현재의 자신에게 또 상처를 준다. 자신에게만이 아니라 다른 사람까지 힘들게 만든다.

나도 상처를 수시로 무기 삼아 말할 때가 있다. 미안하게도 주로 남편과 아이들에게 사용되는 무기다. "당신이 나처럼 살아봤어?" "너는 엄마같이 어려운 형편은 아니잖아."와 같은 말들이 모두 나의 보이지 않는 무기다. 내가 이렇게 말하면 남편도 아이도 대꾸할 말이 없게 된다. 내가 이긴 대화 같지만 절대로 이긴 대화가 아니다. 그 말 한마디로 대화는 단절되고, 나는 그렇게 살았던 과거가 떠올려지니 슬프다. 과거 핑계를 대는 현재는 발전할 수 없다.

상처를 감사로 바꾸는 습관

모든 상처가 다 상처를 낳고 무기가 되는 것은 아니다. 자신이 받은 상처와 똑같은 상처를 받은 사람을 돌보고 도와주는 사람들도 정말 많다. 거창하게 세계적인 인물을 찾지 않더라도 주변을 돌아보면 바로 찾을 수 있다.

지인의 남동생은 학창 시절에 담배도 피우고 소위 문제아 생활을 했었다. 지금은 중학교 교사로 재직하며 학교 생활에 적응하지 못하고 겉도는 학생들을 잘 이끌어주고 지도한다.

부모님이 오랜 병치레로 고생하다 돌아가신 대학 선배는 노인요양원을 운영하며 부모님과 같은 처지에 놓인 어르신들을 정성껏 모신다. 그런 정성을 아는 우리들은 나중에 늙으면 그 요양원에서 모여 살자고 농담도 한다.

앞에서 말했던 교감 선생님도 마찬가지다. 자신과 같은 장애를 가진 청소년들을 돕고 싶어 특수교육학과를 지망했고, 장애인들에게 꿈과 희망을 주는 특수 교사의 삶을 살았다. 지금은 관리자로서 장애인들의 희망이 되고 있다.

성교육 전문가 구성애 씨도 어렸을 적 성폭행을 당했던 사람이다. 자신의 상처를 극복하고 지금은 사단법인 푸른 아우성을 운영하며 자신과 같은 피해자가 더 이상 나오지 않도록 성폭력 예방 교육 사업에 힘을 쏟고 있다.

살면서 상처 없는 사람이 어디 있겠는가? 나 또한 가난했던 어린 시절과 이런저런 상처들로 얼룩진 청소년기를 보냈다. 그 상처들을 내 배경화면으로 삼고 살았다. 그렇지만 상처라고 생각했던 것을 하나씩 꺼내보니 내가 막연히 생각했던 것처럼 크고 어두운 것만은 아니었다. 또 이런 상처들은 나만 가지고 있는 것도 아니었다. 내 옆에 행복해 보이기만 했던 사람들도 다 이 정도의 상처들은 안고 살아가고 있었다.

그리고 그 상처들은 '이미 한참 전에 지나간 일'이었다. 과거의 상처를 다루는 책들이 시종일관 '과거의 상처들은 다 지나간 일이라고, 현재에 아무런 해를 끼치지 못하는 과거일 뿐이라고' 말하고 있다. 맞는 말이라고 생각하면서도 나에게는 해당되지 않는 말이었다. 이제는 내가 그 말을 한다. '이미 한참 전에 지나간 일'이라고. '그 상처 끌어다가 무기삼아

서 또 다치지 말라고.'

한참 신경이 예민해진 직장 동료와 밥을 먹으면서 했던 말이다.

"우리 너무 날 세우고 살지 말자."

"날 세우고 살기, 나도 이젠 지친다."

이렇게 말하고 나서 같이 "하하하."하고 웃고 말았다. 웃는 순간 내 몸의 긴장이 스스르 풀리며 무장해제 되었다.

누구나 하나쯤 안고 있는 것이 과거의 상처다. 그 상처를 현재로 끌어와 무기로 삼으며 불행하게 살 것인지, 상처를 감사할 일로 만들어 행복하게 살 것인지는 나의 결정에 달려 있다. 상처를 감사로 바꿔서 사는 사람은 행복한 사람이다. 당신에게 상처는 무기인가? 감사인가?

21일 자존감 습관 트레이닝

과거의 상처가 생각날 때 성공한 사람들의 책을 읽는 습관
성공한 사람의 대부분은 수많은 시련을 극복한 사람들이다. 시련의 크기만큼 성공의 크기도 커진다. 성공자들의 엄청난 시련 앞에 나의 상처가 별거 아닌 것이 되는 순간을 만날 수 있다.

자존감 습관9
좋다 싫다를 명확히 표현한다

다른 누군가가 되어 사랑받기보다는 있는 그대로의
나로서 미움받는 것이 낫다.
- 커트 코베인

자장면을 먹을지 짬뽕을 먹을지는 중요하지 않았다

나는 사람들과 그럭저럭 원만한 인간관계를 유지하며 살아왔다. 사람들과 크게 부딪치거나 싸운 적도 없었고, 별로 그럴 일도 없었다. 크게 중요한 일이 아니면 내 의견이 있어도 별로 주장하지 않고 살았다. 자장면을 먹을지 짬뽕을 먹을지 결정하는 것이 살아가는 데 중요한 결정은 아니다. 인간관계 속에서도 스스로에게 크게 영향을 끼치는 일이 아니라고 생각되면 자기 생각이나 의견을 말하지 않았다. '나도 자장면을 좋아하지만, 같이 자장면을 좋아하는 옆 사람에게 양보하고 나는 짬뽕을 먹는' 경우와 같다. 그게 편했고, 인간관계를 잘하는 것인 줄 알았다. 이 일이 있기 전까지는 말이다.

시골에서 도시로 전근을 왔다. 100여 명의 직원들 속에서 내가 아는 사람은 단 한 명도 없었다. 낯선 도시, 낯선 직장, 해보지 않은 업무까지 추가되어 나는 긴장 상태에 있었다. 그때 함께 어울리게 된 분들의 이야기다. 더구나 그분들은 나보다 연배가 높으신 분들이고, 그 학교에 오래 근무하셨던 분들이라 금방 전입해 온 나를 많이 가르쳐주셨다. 나도 힘들 때는 그분들께 조언을 구하면서 새로운 환경에 적응할 수 있었다. 아는 사람이 한 명도 없던 직장에서 그분들을 만난 것은 참 다행이었다. 그래서 나는 그분들과 잘 지내길 바랐고 그렇게 하려고 노력했다. 그러나 결론부터 말하면 그때 나의 바람과는 달리 그분들과의 관계는 오래 지속되지 못했다.

나는 친구들을 사귈 때 한두 명과 깊은 관계를 유지하는 편이다. 그래서 한 번 사귄 친구는 오래 우정을 유지한다. 친구뿐만 아니라 다른 인간관계를 맺는 방법도 그렇다 보니 그 사람들과의 관계 유지를 중요하게 생각한다. 특별히 내게 큰 영향을 미치는 결정이 아니라면 웬만한 것은 다 상대방의 의견에 따르려고 한다. 그것이 습관처럼 굳어졌고 그래야 내 마음이 편했던 것 같다. 그동안은 그렇게 살았어도 아무런 문제가 없었다.

그런데 이번만은 아니었다. 언제부턴가 함께 있을 때 불편한 감정들이 하나씩 둘씩 마음속에 쌓이기 시작하는 것이다. 자장면 먹고 싶은데 짬뽕을 먹게 되는 경우와 비슷한 사례가 한두 번일 때는 괜찮았는데 몇 번씩 반복되면서 '이건 아닌데.' 하는 생각이 들었다. 처음에는 자장면이나 짬뽕이나 다 괜찮다고 했는데 그다음부터는 '난 원래 자장면을 먹고 싶었어요.' 라고 말을 바꾸기가 내게는 어렵게만 느껴졌다.

그분들 중에 한 분은 커피를 못 드셨다. 내가 그 사실을 깜빡하고 그분께 커피를 드렸다. 그리고 잠깐 나갔다 왔을 때 그분이 다른 분께 자기가 마시지 않는 커피를 준 나를 "젊은 애가 그것도 기억 못 한다."라고 비난하는 소리를 들었다. 나는 당황스러웠다. 잊어버릴 수도 있는 것 아닌가? 그렇다고 나 없을 때 다른 사람에게 흉을 보다니 나로서는 도저히 이해가 안 갔다. 그건 흉을 볼 일이 전혀 아니다. 나라면 바로 그 자리에서 한바탕 웃고 넘어갔을 일이다.

"나에 대한 사랑이 모자라는군. 나 커피 못 마시는 걸 잊어버렸단 말이야? 빨리 두 배로 맛있는 다른 거 줘."

또 한 번은 내가 뜻을 같이하는 다른 사람들과 함께 어떤 회의에 참석했을 때였다. 내가 그 자리에 있는 것을 보신 그분들 중의 한 분이 회의에서 나오는 나를 부르시더니 "네가 어떻게 그 자리에 앉아있을 수 있냐?"며 나를 힐책하셨다. 내가 아무리 그분들보다 한참 어린 사람이고 내 의견 안 내세우는 사람이라도 이런 개인적인 생각까지 터치 받아야 하나 하는 생각에 어이가 없고 가슴이 답답해졌다. 이런 일들이 하나씩 쌓이면서 그분들 앞에서 내 말과 행동이 불편해지기 시작했다. 할 말도 더 안 하게 되고 의견도 내지 않게 되었다.

내가 생각하는 좋은 관계는 서로의 생각을 자유롭게 나누고 서로 공감해주거나 경우에 따라서는 아낌없는 조언도 해줄 수 있는 사이다. 그런데 나는 그분들과 함께 있을 때 내 마음속 깊은 얘기를 한 번도 하지 못했다. 그분들이 들어도 별 무리가 없는 말만 하게 되었다. 그러니 함께 있어도 즐거울 수가 없었다.

그럼에도 불구하고 나는 그분들과의 관계를 계속 잘 이어가고자 했다. 내가 처음 전입했을 때부터 함께 해온 분들이다. 또 그분들 덕분에 외롭지 않게 잘 적응할 수가 있었다. 그런 분들에게 이제 와서 '나는 당신들과 있는 것이 더는 즐겁지 않아요.'라고는 도저히 말할 수 없었다. 무엇보다도 내 생각을 솔직하게 표현했을 때 그분들과 껄끄러운 관계가 되는 것이 부담스럽고 싫었다. 그러나 좋게 유지하고 싶었던 그 관계는 결국 얼마 못 가서 모양새 좋지 않게 깨지고 말았다. 그렇게 되기까지 내내 마음이 불편했었다.

자신을 표현하는 것은 의외로 쉽다

이 일은 내게 많은 생각을 하게 만들었다. 그분들과의 관계 속에서 내 대처가 마음에 들지 않았다. 먹기 싫은 짬뽕을 자꾸 먹게 되어 싫었다면 그때라도 "저는 그때는 말씀을 못 드렸지만 사실 짬뽕보다 자장면을 더 좋아해요. 오늘은 자장면 먹고 싶어요."라고 말할 수도 있었을 텐데 왜 그 말을 못 하고 속으로만 끙끙 앓았을까? 내가 그렇게 말한다고 해서 그분들이 화를 내거나 뭐라고 할 분들은 아니었다. 그런데도 나 스스로 자발적으로 알아서 먹기 싫은 짬뽕을 억지로 먹고는 불만을 쌓아 갔다.

커피도 마찬가지였다. 그분에게 "다른 분에게 제 얘기하는 것 다 들었다. 마음 상했다. 다음부터는 그렇게 하지 않았으면 좋겠다."라고 말하고 싶었으나 말하지 못하고 그냥 넘어갔다. 그분을 볼 때마다 그 생각이 나서 그분과 마주하기도 싫었고, 아무 소리도 못 하고 넘어간 나도 싫었다. 그분들과의 기억들 중에서 특히 나의 자존감을 상하게 만든 일이었다.

당신과 반대되는 입장에 섰다는 이유로 나에게 "어떻게 네가 그 자리에 앉아있을 수 있냐?"라고 말했던 그분에게도 아무 말 안 했다. 대답할 가치도 없는 말이라고 생각했기 때문이다. 그러나 두고두고 후회되었다. "그게 왜 문제가 되는 거냐?" 한마디라도 했어야 했다.

내가 내 의견을 정확하게 표현하고, 부당하다는 생각이 들었다면 바로 내 감정을 이야기하고, 아닌 것은 아니라고 그때그때 나를 표현했다면 그분들과의 관계는 어떻게 되었을까? 관계를 유지하고자 내 감정을 무시하고 했어야 할 말도 못 했는데 결과는 오히려 반대로 나타났다. 그동안의 관계를 유지하기 위한 노력이 헛수고가 되고 말았다.

심리학에서는 위와 같은 나의 행동을 사랑받고 싶은 마음 때문이라고 한다. 어렸을 적 인간관계에서 사랑받지 못한 어떤 경험에 기인한 것이라고 한다. 육 남매 중 막내로 특별한 존재감 없이 살아온 것은 맞다. 하지만 사람들과의 관계에서 큰 상처를 받았다거나 사랑받지 못한 기억은 없다. 그래서 나의 이런 태도가 사랑받지 못한 과거 경험 때문이라는 말은 바로 수긍이 안 되었다. 그러나 심리학에서 말하는 사랑받고자 하는 사람의 특징들은 나와 똑같았다. 인정하기 싫지만, 나의 위와 같은 태도는 자존감이 낮아서였다.

이 글을 읽는 독자 중에 나와 같은 경험이 있다면 크게 실망하지 않아도 된다. 지금부터 반대로 행동하면 된다. 내 행동의 원인이 낮은 자존감 때문이라는 것을 안 다음부터는 내가 자존감 떨어지는 사람이라는 사실에 자존심이 상했다. 그래서 그 뒤로부터는 그분들과의 관계에서 했던 내 행동과 반대로 하려고 노력했다.

사소한 것도 정확하게 내 의견을 표현하려고 노력했다. 내 의견이 받아들여지지 않았다고 화를 내거나 하지는 않는다. 내가 정말 하기 싫은 것은 하기 싫다고 말하기 시작했다. 앞에서 차마 말을 못 했을 때는 뒤늦게라도 말했다. 내가 부당한 대우를 받고 있다고 생각되면 속으로 참지 않았다. 완곡하게라도 내 마음을 전달했다. 그렇게라도 내 감정을 표현해야 내가 나에게 실망하지 않는다.

이렇게 자신을 표현하는 것은 의외로 어렵지 않았다. 처음 몇 번만 의식적으로 반복하면 또 그게 습관이 된다. 내 의견과 내 감정을 상대에게 표현한다고 해서 관계가 깨지지는 않는다. 오히려 더 편안하고 좋은 관계를 유지할 수 있다. 만약, 내 생각을 표현해서 깨질 관계라면 차라리 일찍 깨뜨리는 게 낫다. 그런 관계를 계속 유지하는 것은 자존감 떨어지는 일이고, 어차피 그런 관계는 오래갈 수도 없다.

나는 낯선 환경에서 가깝게 지낸 그분들과 좋은 관계를 유지하고 싶었다. 그래서 내 생각과 감정들을 억누르고 그분들에게 맞춰서 생활했다. 그러나 그런 관계는 오래가지 못했고 끝도 좋지 못했다. 좋은 관계를 갖기 위한 내 모든 노력이 헛수고가 되고 말았다. 내 낮은 자존감이 원인이었다. 다른 사람들에게 사랑받기를 원한다면 먼저 자신의 자존감부터 챙겨보길 권한다. 자신이 자신을 사랑할 수 있어야 다른 사람도 나를 사랑해줄 수 있기 때문이다.

21일 자존감 습관 트레이닝

사소한 결정이라도 내 의견을 내는 습관 기르기

작은 결정도 내 의견을 피력하라. 내 의견을 내기 시작하는 것이야말로
자존감을 올리는 쉽고도 가장 기본이 되는 습관이다.

자존감 습관10
굳이 모두와 친하게 지낼 필요 없다

'나라는 존재가 길가에 핀 꽃과 같다.'라는 것을 알면
사람들이 오든 가든 날 좋아하든 말든 그들이 알아서 할 일이지
내가 신경 쓸 일이 아니다.
– 법륜 스님

만나면 불편한 사람

중2 여학생 지수는 학교에서 점심을 안 먹는다. 왜 안 먹느냐고 물었더니 '같이 먹을 친구가 없다.'라는 것이다. 우리 학교는 학급별로 오는 순서대로 자리에 앉아서 먹기 때문에 친한 친구가 없어도 혼자 자리에 앉아 먹게 되는 일은 없다. 그래도 지수는 혼자 먹기 싫다고 했다. 아침 식사도 제대로 못 하고 오면서 점심까지 거르는 것이다.

같이 점심 먹을 수 있는 친구 한 명만 있어도 아이들의 학교 생활은 행복하다. 공부, 외모, 자신감 다 필요하지만 가장 중요한 것은 나를 있는 그대로 받아들여 주고 같이 공감할 수 있는 친구 한 명이다. 당신은 그런 친구가 있는가?

며칠 전 친구에게 전화가 왔다. 다음은 친구의 하소연이다. 같이 모임 하는 언니 때문에 힘들다는 것이다. 모임의 다른 사람들은 다 편하고 좋은 사람들인데 새로 모임에 들어온 그 언니는 대하기가 편하지 않았다. 친구는 그 언니에게 자기가 타던 자동차를 팔았다. 보통 중고 가격보다 훨씬 싸게 팔았고 비용도 몇 차례에 걸쳐 나누어 받기로 했다. 친한 언니 이니 그 정도는 충분히 해줄 수 있는 일이라고 생각했다.

그런데 언니는 자동차의 상태가 생각보다 좋지 않다면서 가격을 좀 더 깎아 달라고 했다. 또 만날 때마다 자동차에 대한 불만을 토로했다. 친구는 괜히 아는 언니에게 팔았다고 후회를 했다. 그래도 이미 판 것을 되돌릴 수도 없고 꾹 참을 수밖에 없었다. 그 모임은 한 달에 한 번 만나는 모임이고 중간에도 자주 만나는 아주 가까운 사이였다. 그런데 그 언니가 들어오면서 친구는 모임에 나가기가 싫어졌다.

다른 사람의 '뒷담화'로 이야기가 흘러가고 매사에 부정적인 말만 하는 언니 때문에 괴로웠다. 친구에게는 안 해도 될 거짓말까지 했다. 친구는 그 언니가 마음의 상처가 있는 사람인 줄 알기 때문에 잘 해주고 싶고 잘 지내고 싶어 했다. 그런데 친구는 언니를 상대하기가 너무 힘들다는 것이었다.

세상에는 세 종류의 사람이 있다고 한다. 동그라미, 세모, 네모가 그것이다. 어느 날 동그라미가 미용실에서 예쁘게 파마를 하고 나왔다. 파마를 한 동그라미를 본 세모가 이렇게 말했다.

"어머나 파마했네. 그 파마 얼마 받고 했어? 그런 파마를 돈 받고 해야지 돈 주고 하진 않았을 것 아니야? 호호호, 농담이야."

이 말을 들은 동그라미는 거울을 보며 '파마가 정말 그렇게 이상한가?' 하며 세모가 한 말에 상처 받고 속상해한다. 동그라미는 세모를 만나면 자꾸 찔리고 상처를 받을 수밖에 없다. 내가 동그라미라면 굳이 세모와 만나서 상처를 받을 필요가 없다. 동그라미와 어울리면 된다.

친구는 그 언니 때문에 한참 동안 마음고생을 했다. 친구가 언니를 배려하는 만큼 언니는 친구에게 고마워하기보다는 더 요구하고, 하지 않아도 되는 거짓말까지 했다. 자신의 마음에 지속해서 상처를 주는 사람과 굳이 친하게 지낼 필요가 없다. 그것은 언니에게 미안한 것이 아니라 나자신에게 더 미안한 것이다. 그만큼 내 마음도 불편하고 힘든데 내 마음은 알아주지 않고 참으라고만 하는 꼴이다.

싫으면 싫다고 말하고, 들어주지 못할 부탁이면 거절하고, 상대가 나에게 무례하게 굴면 화도 낼 줄 알아야 한다. 그렇지 않으면 나는 그 사람에게 끌려다니는 관계가 될 수 있고 결국 관계도 끊어지게 된다. 상대를 생각하는 내 마음을 몰라주는 사람이라면 굳이 마음고생하면서 사이 좋게 지내려고 하지 않아도 된다.

진심이 통하지 않을 때도 있다

전화를 끊고 나니 내 예전 기억이 떠올랐다. 잘 지내던 이웃집 언니이다. 다른 사람 배려도 잘해주고 늘 웃는 얼굴이었다. 나와 이야기도 잘 통하고 비슷한 점이 많았다. 그래서 나이 차이는 많았지만 내가 좋아하고 따랐던 언니이다. 언니의 딸을 남편이 담임을 맡게 되었다. 그래서 우리는 서로 잘 부탁한다며 농담도 했었다.

그리고 얼마 지나지 않아서 언니에게 달걀을 한 판 받았다. 전에도 언니 친구가 운영하는 달걀 농장에서 언니가 친구의 달걀을 팔아주곤 했었다. 이번에도 그 친구의 달걀을 팔아주는 것이라고 했다. 전에는 당연히 드렸던 달걀값을 어떻게 드려야 하나 고민스러웠다. 분명히 드리면 안 받을 텐데 안 드리기도 그렇다. 친구 달걀 팔아주는 것이다. 가까운 사람들 한 판씩 나눠주다가는 언니의 선의가 언니에게 피해로 돌아갈 수가 있었다.

조심스럽게 언니의 계좌에 달걀값을 입금했다. 문제는 그 다음부터였다. 내가 달걀값을 보냈다는 사실을 안 언니는 내게 폭풍같이 화를 냈다. 그리고 그 뒤부터 언니는 나를 보고 싶어 하지 않았다.

언니의 마음도 충분히 이해는 갔다. 언니의 진심을 내가 깊이 생각하지 못한 것이다. 그렇지만 나는 언니와의 관계를 그렇게 끝내기는 싫었다. 그래서 내가 경솔했다는 장문의 사과 문자도 하고 수없이 전화도 했다. 그러나 언니는 전화도 잘 받지 않았고 받아도 짧게 끊었다. 그 언니가 그때쯤 이사를 했다. 우리 집들이에도 선물을 사 들고 왔었기에 나도 작은 화분을 사서 집 근처로 갔다. 그런데 끝내 나도, 선물도 거절하셨다. 나는 30분쯤을 그 자리에 서 있었다.

내가 진심으로 좋아하고 의지했던 언니였다. 내 진심을 알아주실 줄 알았다. 그래서 내가 할 수 있는 모든 방법을 다해서 내 마음을 전달하고 언니의 마음을 풀어드리고 싶었다. 그런데 언니는 끝내 내 마음을 받아주지 않았다. 그때 알게 된 사실 하나는 '진심은 통한다.'라는 말이 틀린 말일 수도 있다는 것이다. 그 말은 나에게 달걀을 선물한 언니에게도 해당되는 말일 수도 있을 것이다.

언니 집 근처에서 여러 가지 생각이 교차했다. 같이한 세월이 몇 년인데 내 말을 들어보려고도 하지 않는 언니가 서운하기도 했다. 또 내가 미처 헤아리지 못한 언니의 마음도 그대로 인정해 줘야 한다는 생각도 들었다. 사 갔던 화분을 그 자리에 놓고 집으로 돌아왔다. 언니와의 관계 유지를 포기했다. 그제야 내 마음이 큰 짐을 덜어놓은 것처럼 가벼워졌다.

가끔 언니의 소식을 듣는다. 언니는 언니대로 잘살고 있다. 나는 나대로 다른 사람들과 관계 맺으면서 잘 살아가고 있다. 살아가면서 만나는 모든 사람과 다 친하게 지내지 않아도 된다. 또 '그럴 수도 없다는 것'을 이제야 깨닫는다.

굳이 모든 사람과 다 친하게 지내려고 노력하지 않았으면 좋겠다. 다 친하게 지내기 위해 노력하느라 지치고 힘들어하는 나를 먼저 돌아보기 바란다. 나를 먼저 돌아보는 것은 이기적인 것이 아니다. 나를 사랑하는 일이다. 내가 사랑으로 충만해야 다른 사람에게도 사랑을 나눠 줄 수 있는 사람이 된다. 또 이기적이면 어떤가? 조금은 이기적이어야 인간관계에서 끌려다니느라 지친 나 자신에게 덜 미안할 수 있다.

21일 자존감 습관 트레이닝

모든 사람과 잘 지내려고 애쓰지 않는 연습
모든 사람과 친하게 지내려고 애써 노력하지 마라. 때로는 진심이 통하지 않을 수도 있다는 것을 기억하라.

자존감 습관11
남의 문제를 내 문제로 착각하지 마라

상처 받은 사람들은 대부분 자기 자신에게
뭔가 잘못이 있다고 생각하는 경우가 많다.
사실은 아무런 죄도 없는데 말이지.
– 기욤 뮈소, 『사랑하기 때문에』 중에서

나도 모르게 주고받는 상처

어느 집 문 앞에 귀를 쫑긋 세운 당나귀 한 마리가 있었다. 당나귀는 생
각에 잠긴 채 풀을 씹고 있었다. 그때 사내아이 둘이 다가와서 당나귀를
보고 멈춰 섰다. 아이들은 웃음을 터뜨리며 당나귀를 비웃었다. 화나게
하려고 일부러 그런 것이다. 하지만 노련한 당나귀는 그저 반원을 그리
며 아무 말없이 조용히 아이들에게서 등을 돌렸다. 빌헬름 부쉬의 동화
다.

사람은 상처를 주고받으며 살아가는 존재이다. 내가 사랑하는 사람 또는 나를 사랑하는 사람들에게 일부러 상처를 주려는 사람은 없을 것이다. 그러나 살아가면서 나도 모르게 상처를 줄 수 있다. 내가 무심코 하는 말이 어떤 사람에게는 상처가 될 수 있다. 사람마다 경험한 바가 다르다. 경험치에 따라 상처가 되기도 하고 아무렇지도 않은 말이 되기도 한다. 내가 상대의 그런 경험을 안다면 조심해서 말해야 하겠지만 모든 사람의 숨은 상처를 알지 못하니 어쩔 수 없이 상처를 줄 수밖에 없다.

나도 그렇게 상처를 준 적이 있다. 우리 모임에 서너 번 나온 신규 회원에게 회원의 자격 기준을 알려주는 시간이었다. 사실 자격 기준은 있었지만 유명무실한 것이었다. 그 자격 기준을 제대로 따르자면 다른 회원들도 다 탈퇴해야 할 정도의 이론상으로만 있는 자격기준이었다. 그래도 이런 기준이 있다는 정도에서 안내를 해주었다. 그러나 그 기준을 알게 된 신규 회원은 바로 탈퇴하고 나오지 않았다. 기준에 따르면 우리도 다 자격 미달인 사람들이라고 이해를 시키려고 했지만 이미 마음의 문을 닫은 그 분은 끝까지 나오지 않았다.

내가 상처를 주고자 한 말이 아닌데도 그분이 그렇게 탈퇴해 버리니 마음이 불편했다. 다음부터 회칙을 얘기할 때는 조심스럽게 하게 되었다. 반대로 내가 이런 상처를 받았다면 다른 사람은 아무렇지도 않은데 '왜 나만 상처가 되는지' 생각해보아야 한다.

다른 사람으로부터 상처를 받을 때도 있다. 그렇게 화를 낼 일이 아닌데도 불같이 화를 낸다거나 하는 경우가 있다. 그럴 때는 당황하게 된다. 내가 크게 잘못한 것도 없는데 나에게 과잉 대응을 하는 것이다. 아침에 부부싸움하고 출근한 직장상사가 부하 직원에게 언성을 높이는 것 같은 예가 그렇다. 그럴 때는 그 화를 그대로 받고 스트레스를 받을 것이 아니라 언성을 높이는 상사의 문제로 바라봐야 한다. 앞에서 말한 노련한 당나귀처럼 말이다. 사내아이들이 화나게 하려고 일부러 비웃는 것을 알아챈 당나귀는 그런 장난에 반응할 필요가 없다는 것도 안다. 문제는 당나귀가 아니라 사내아이들이다.

IMF 때였다. 집안 행사로 친척들이 많이 모였다. 사촌 오빠가 내게 말했다.

"학교에 있다며?"
"네."
"지금같이 어려운 IMF 시기에 교사들은 좋겠어. 애들하고 적당히 시간 보내면 월급 꼬박꼬박 나오고 퇴직 걱정 없고 말이야."
"적당히 시간 보내다니 무슨 말씀을 그렇게 하세요? 오빠가 애들 학교 한 번이라도 가보셨어요?"

다른 사람이 그렇게 말해도 오빠는 아니라고 해야 되는 것 아닌가? 그러지 않아도 국고가 고갈되었다느니, 급여가 격월로 나올 수도 있다느니 하는 카더라 통신에 공무원 신분이어도 다들 불안했었다. 그날 사촌 오빠의 그 말은 오래도록 내 기억에 서운하게 남았다.

시간이 한참 지나고 사촌 오빠와 그런 얘기를 나누게 되었다. 그때 많이 서운했었다고 털어놓았더니 자기가 그런 말을 했었냐고? 네가 그렇게 말하니 기억이 나는 것도 같다며 미안하다고 하셨다. 자기가 그때 힘들어서 그랬다고 하셨다. 자기는 회사에서 언제 퇴사하게 될지 몰라서 불안 불안한 심정이었는데 나는 튼튼한 공무원 신분의 직장을 가지고 있다는 것이 부러웠던 것 같다고 하셨다.

사촌 오빠가 그렇게 말하니 이해는 갔다. 누구나 다 불안하던 시기였다. 그런 생각이 들 수도 있다. 오빠가 나에게 상처가 되는 말을 한 것은 오빠의 문제이지 내 문제가 아니다.

자식을 인정해주지 않는 엄마

부모 자식 간의 문제도 마찬가지이다. 부모도 부모가 처음이고 그 나이도 처음이다. 처음은 다 시행착오를 겪을 수밖에 없다. 부모도 그 부모로부터 상처받은 존재다. 부모는 완벽한 사람이 아니다. 부모로부터 받은 상처는 부모의 상처를 이해하는 것으로 치료할 수 있다.

정훈 씨는 치과의사이다. 어려서부터 엄마에게 인정받기 위해 온순하고 착한 아들로 살았다. 그러나 엄마는 좀처럼 정훈 씨를 인정해주지 않았다. 열심히 공부해서 우등상을 타다 드려도 잘했다고 칭찬은커녕 공부만 잘하면 뭐하냐는 비난이 돌아오기 일쑤였다. 그런 엄마가 원망스러워 대학교 다닐 때부터는 집에 잘 가지 않았다. 만나기만 하면 상처를 주는 어머니와 인연을 끊다시피 살았다. 엄마도 아들을 찾지 않았다. 의사가 되고 버젓한 병원도 개원했고 착하고 예쁜 여자와 결혼도 했다.

이 정도면 잘했다고 해주시지 않을까 하여 엄마에게 전화를 드렸다. 대학 공부 마치고 개원하기까지 성공한 모습을 말씀을 드렸을 때 엄마는 "너는 몇 년 만에 전화해서 그렇게 부자로 잘산다고 자랑하려고 전화했느냐?"며 대뜸 큰소리부터 쳤다. 엄마에게 다시 한 번 상처를 입었다, 결혼 후에 엄마는 아들에게 하듯이 며느리를 대하기 시작했다.

엄마로부터 아내를 보호해야겠다는 생각에 자녀와 부인을 외국으로 보내고 자신은 한국에서 혼자 살았다. 엄마와의 관계는 또 그렇게 멀어졌다. 혼자 살기가 너무 외로워 자신도 모든 것을 정리하고 가족에게로 가려는 순간 찾아온 것은 암이었다.

죽음 앞에 선 정훈 씨는 또다시 엄마 생각이 났다. 죽기 전에 엄마에게 물어보고 싶었다. 왜 나에게 그렇게 대하셨는지? 내가 얼마나 엄마의 사랑을 간절히 바랐는지 말씀드리고 다 풀고 가고 싶었다. 그러나 암이라는 아들의 전화에도 '네가 나한테 그렇게 독하게 구니 그런 병에 걸린 것'이라는 독설을 듣는 것으로 끝이 났다. 정훈 씨는 끝내 엄마와의 관계를 해결하지 못하고 운명을 달리 했다.

그런 엄마가 어디 있냐고 물을 수 있지만 사실이다. 그런 엄마도 있다. 평생 엄마의 사랑을 갈구했던 아들을 마음으로 품지 못했던 엄마는 어떤 상처를 가진 엄마였을까? 무슨 상처를 가진 엄마길래 암에 걸렸다는 아들의 전화에도 네 탓이라는 말밖에는 할 수 없었을까? 자신의 상처를 자식에게 대물림하고 싶은 부모는 없다. 그러나 부모 자신도 자신의 상처가 아픈 사람이다. 당장 자신 앞에 닥친 시련에 빠져 있는 사이 자식에게 또 다른 상처를 주기도 한다.

부모도 그 나이를 처음 살아보는 사람이다. 처음부터 자식의 모든 부분을 완벽하게 케어할 수 있도록 태어난 사람이 아니다. 나이 많은 어른이지만 부모도 천 번 만 번 흔들리는 존재이다. 부모의 잘못에 상처받지 말아야 할 이유이다.

누군가에게 상처를 받았다면 그 상처가 어디에서 온 것인지 살펴보아야 한다. 나에게 상처되는 말을 하는 사람은 자신의 상처를 자신도 어쩌지 못하고 쏟아놓는 것일 수 있다. 그건 그 사람의 문제이지 내 문제가 아니다. 부모도 마찬가지이다. 부모에게 받은 상처는 부모도 상처 있는 사람이라는 것을 인정하는 것으로부터 시작한다. 남의 문제를 나의 문제로 착각하지 마라. 내 문제가 아니었음을 인지하는 것이야말로 내 상처를 치유하는 첫걸음이다.

21일 자존감 습관 트레이닝

부모에게 받은 상처로 괴로울 때는 내 부모이기 전에 약한 인간임을 먼저 생각하기

자식에게 상처 주는 부모일수록 상처가 많은 사람이기 쉽다. 그런 부모님을 한 발짝 떨어져서 바라보자. 내가 상처에 아파하는 것처럼 부모의 아픈 모습도 보게 된다.

자존감 습관12
비교는 남이 아니라 '어제의 나'와 하라

> 남들보다 더 잘하려고 고민하지 마라.
> '지금의 나'보다 잘하려고 애쓰는 게 더 중요하다.
> – 윌리엄 포크너

다 나보다 나아 보이는 이유

명희 씨는 늘 불만이 많다. 자신의 인생이 친구들 중에 가장 고달프고 힘들다는 것이다. 그러나 몇 년을 함께 지내고 보니 그렇게 보이지 않았다. 내가 보아온 명희 씨는 본인이 하고 싶은 것은 다 하고 사는 사람이다. 여행, 운동, 취미, 친구 관계, 자기 몫 다하는 자녀까지 특별한 불만이 없을 것 같다. 그런데도 '다 나보다 낫다.'라는 말을 입에 달고 산다. 명희 씨 불만의 원인은 바로 다른 사람들과의 비교였다.

나는 그런 명희 씨를 보면 내 모습이 저렇지 않을까 깜짝 놀랄 때가 있다. 잘 살아가고 있는 것인지 수시로 나를 점검하고 돌아봤다. 돌아보면 나는 늘 그 자리에 있었다. 그래서 나는 쉬지 않고 무엇인가를 하고 있었다. 발전하지 않으면 퇴보하는 것으로 생각했다. 나를 오래 알아온 주변 사람들은 그런 나를 '열심히 사는 사람'이라고 생각하고 인정해주었다. 나에게 열심히 산다는 말은 '내가 잘 살고 있구나!' 하는 확인이었다.

그러나 아무리 열심히 살아도 나는 늘 그 자리를 맴돌고 있었다. 자신에게 만족하지 못하는 마음, 현재의 내가 내 성에 안 차니 더 괜찮은 사람으로 만들고자 애쓰는 것이다. 나는 늘 부족한 사람이었다.

부족하다고 생각하니 어디서든 머뭇거리게 되고 선뜻 나서지 못한다. 내가 계획한 일에 성취를 이루었어도 나는 여전히 부족한 사람이어서 성취한 만큼 행복하지 못한 것이다. 다른 사람이 보기에 나는 명희 씨처럼 걱정할 것이 없는 사람이었다. 그러나 나는 그 행복을 누리지 못하고 있었다. 다른 사람들은 나보다 다 잘 살고 있는 것만 같았다.

미국 코넬 대학교 심리학과 연구팀이 올림픽 게임에서 메달을 받는 사람의 행복지수를 조사해 보았다. 동메달리스트의 행복 점수는 10점 만점에 7.1이었고, 은메달리스트의 행복 점수는 겨우 4.8에 불과했다. 객관적인 성적으로 보자면 동메달리스트보다 은메달리스트가 이룬 성과가 분명히 크다.

그러나 은메달리스트는 자기의 성취를 금메달과 비교하기 때문에 은메달의 주관적 크기는 선수 입장에서는 실망스러운 것으로 받아들인다는 것이다. 반면 동메달리스트들의 기준은 '노메달'이었다. 까딱 잘못했으면 4위에 그칠 뻔했기 때문에 동메달의 주관적 가치는 은메달의 행복 점수를 뛰어넘는다는 것이다. 행복의 가장 큰 적은 비교이고 어디를 기준으로 하느냐에 따라 행복도는 달라진다는 것이다.

비교는 자신의 성취를 위해 노력하게 만들고 노력의 결과 자신의 삶을 발전시키게 되는 원동력이 되기도 한다. 대부분의 비교는 그 기준을 자신보다 훨씬 우월한 무엇에 둔다. 열심히 노력해도 항상 그 자리라고 생각되는 것은 그 비교 기준을 항상 자신의 현재 위치보다 높은 위치에 있는 사람을 기준으로 삼기 때문이다.

신도시에 처음으로 내 집 마련을 했을 때 세상을 다 얻은 것 같이 기뻤다. 우리 집이 세상에서 제일 좋은 집이었다. 기쁜 마음으로 친구들을 초대하고 집들이도 크게 했다. 그러나 그렇게 행복한 마음은 오래가지 못했다. 뒤늦게 결혼한 친구의 신혼집에 초대를 받았다.

우리 집보다 넓고 깨끗하고 실내장식도 멋진 친구의 집을 보면서 갑자기 그렇게 좋아 보이던 우리 집이 예전처럼 좋게만 보이지 않았다. 늦은 나이에 결혼해서 잘살게 된 친구를 축하해줘야 하는데 마음은 영 편하지가 않다. 비교만 하지 않았어도 행복감을 오래 유지했을 텐데 비교로 행복했던 마음은 반감되었다. 비교는 가까운 사이일수록 더 비참한 결과를 가져온다는 연구 결과가 있다.

유럽 연구팀이 〈이코노믹Economic 저널〉에 밝힌 한 연구결과에 따르면 참여자 4명 중 3명 정도는 자신의 수입을 다른 사람과 비교하는 것을 중요하게 생각한다고 한다. 또한, 비교하는 사람이 친구나 가족처럼 가까운 사람일 때 행복도 역시 더 낮은 것으로 나타났다.

사촌이 땅을 사면 배가 아프다는 우리나라 속담은 위와 같은 인간의 옹졸한 마음을 단적으로 표현해주는 말이다. 그러나 명심할 것은 사촌이 땅을 산 것을 배 아파하는 동안 나의 열등의식은 커져만 가고 자존심은 점점 아래로 향하기만 한다.

일상생활에서 비교의 예는 너무나 많다. 내가 사는 지역에 택지 개발과 함께 아파트 분양이 한창일 때였다. 이웃들과 어떤 아파트를 분양받고 싶은지 이야기를 하게 되었다. 50평대 이상이 대부분인 아파트 안에 있는 30평대에 살고 싶은지, 30평대 위주로 지어진 아파트에 살고 싶은지에 대한 이야기였다. 한 분이 말씀하셨다.

"나는 넓은 평수들 속에 끼어서 맨날 부러워하며 살기 싫다. 어차피 같은 평수면 비슷한 사람들끼리 사는 곳에서 마음 편히 살고 싶다."

아파트 평수, 자동차, 명품 가방 등이 그 사람을 평가하는 기준이 되는 현실이다. 똑같은 평수의 아파트에 살아도 주위에 사는 사람들이 몇 평 아파트에 사는 사람들이냐에 따라 비교하면 행복할 수도 있고 불행할 수도 있다. 이런 마음은 우리나라 주부들만의 심정은 아닌 것 같다.

하버드대학교 공공보건대학원의 데이비드 해먼길 연구팀의 조사에 따르면 많은 사람이 평균 연봉 20만 달러인 지역에서 10만 달러의 연봉으로 사는 것보다 평균 연봉 2만 5천 달러인 지역에서 5만 달러를 받으면서 사는 쪽을 선택했다. 실질적 풍요를 포기하고서라도 우월하게 사는 쪽을 선택한다는 결론이다.

비교는 남이 아니라 어제의 나와 하는 것

나무꾼이 산에 나무를 하러 갔다. 칡덩굴을 거두려고 잡는다는 것이 그만 그 옆에서 자고 있던 호랑이의 꼬리를 잡았다. 잠자던 호랑이의 꼬리를 건드린 것이다. 깜짝 놀라 나무 위로 올라갔다. 호랑이가 나무를 세차게 흔들었다. 나무꾼은 깜짝 놀라서 그만 손을 놓쳤고 나무에서 떨어졌다. 그런데 하필이면 호랑이 등에 떨어졌다.

깜짝 놀란 호랑이가 놀라 몸을 흔들어댔다. 나무꾼은 호랑이 등에서 떨어지지 않으려고 안간힘을 썼다. 결국, 견디다 못한 호랑이가 나무꾼을 떨어뜨리려고 달리기를 시작했다. 나무꾼은 살기 위해 온 힘을 다해 호랑이 등을 더 꽉 껴안았다. 마침 한 농부가 무더운 한여름 날씨에 밭에서 일하다가 이 광경을 보고는 "나는 평생 땀 흘려 일해도 사는 게 이 모양인데 어떤 놈은 팔자가 좋아서 호랑이 등이나 타고 빈둥빈둥 놀기만 하고 다니니 어디 살겠냐?"라며 팔자타령을 한다.

죽기 살기로 호랑이 등에 매달려 있는 나무꾼이 농부가 보기에는 팔자 좋게 호랑이 등이나 타고 노는 부러움의 대상이 된 것이다. 우리가 남들을 보면 다 행복해 보이고, 만족한 것 같지만 꼭 그런 것은 아니다. 내가 보기엔 세상 부러울 것 없어 보이는 사람도 다 그 사람대로의 상처와 아픔이 있고 때로는 무능력감에 시달리기도 한다.

나의 지금 모습은 분명히 어제보다 더 성장한 모습이었다. 조금씩 조금씩 더 성장해온 나를 늘 부족하다고 여긴 것은 그 판단 기준을 나보다 큰 성취를 이룬 사람들에게 두었기 때문이다. 내가 나를 판단하는 기준을 나 자신에게 두고서야 어제보다 성장한 오늘의 나를 뿌듯하게 바라볼 수 있었다. 더 이상 나는 부족한 사람이 아니었다.

나는 그동안 '자신을 사랑할 줄 아는 사람이 남도 사랑할 수 있다.'라는 말을 온전하게 이해하지 못하고 있었다. 내가 나를 평가하는 기준을 다른 사람에게서 나 자신으로 돌렸을 때에야 비로소 나를 있는 그대로 사랑하게 되었다. 나를 사랑하게 되니 세상 모든 일이 감사하게 느껴지기 시작했다.

비교는 남이 아니라 어제의 나와 하는 것이다. 나를 사랑한다는 것은 나를 지금 그대로의 모습으로 인정한다는 말이다. 조금 모자라고 부족해도 있는 그대로를 사랑하는 것이다. 그러나 비교는 내가 세상에 최고가 되어야 나를 인정해주겠다는 조건부 사랑이다. 조건부 사랑은 나를 사랑하지 않겠다는 말이나 마찬가지이다. 내가 나에게 있는 그대로의 존재로 인정받을 때 내 자존감은 춤을 춘다.

21일 자존감 습관 트레이닝

남보다 못해 보이는 내가 속상할 때는 즉시 나에게 '비교해서 미안해.'라고 큰소리로 사과하기

비교당해서 기분 좋은 사람은 없다. 나 스스로를 남과 비교하는 것이야 말로 자신에게 진심으로 사과해야 할 일이다.

자존감 습관13
내 마음이 편해야 세상에 친절할 수 있다

사람은 남에게 친절하고 관대한 것이 자기 마음의 평화를 유지하는 길이다.
남을 행복하게 할 수 있는 사람만이 행복을 얻을 수 있다.
- 플라톤

친절할 것인가? 말 것인가?

'친절할 것인가? 말 것인가? 이것이 문제로다.'

이 질문은 나의 그칠 줄 모르는 화두다. 친절하자니, 나를 맹물로 알
것 같고 불친절하자니 내 맘이 편하지 않다. 나는 친절하고 싶다. 친절한
사람이 되고 싶은 것이 아니라 그냥 친절하고 싶다. 이렇게 말하면 또 자
존감에 대해 공부하는 사람들은 이렇게 말할지도 모른다.

"그 말이 그 말입니다. 당신은 친절이라는 가면으로 당신의 낮은 자존감을 감추고 싶은 것입니다. 아마도 당신은 타인과의 관계를 형성하는 데 뭔가 두려움을 가지고 있는 것 같군요. 그 두려움이 무엇인지 들여다볼 필요가 있습니다. 그동안 다른 사람에게 친절하게 행동하느라 수고하셨습니다. 지금부터는 수고한 당신 스스로에게 친절하십시오."

이런 생각은 나만의 오해일 수도 있다. 그러나 그동안 자존감에 관한 책들을 읽어가면서 가지게 된 생각이다. '타인에게 친절하되 어떻게 하면 호구가 되지 않을 수 있는지? 어떻게 하면 이용당하지 않는지' 등의 방법적인 내용도 많이 쓰여 있다. 그렇지만 나는 몇 번을 읽어도 내 친절한 행동의 어디부터가 자존감이 낮은 것이고 어디까지가 친절인지 그 경계가 모호하기만 하다.

보건 교사는 학생들에게 친절이 요구되는 직업이다. 아픈 학생들은 보건실에 오면서 아픈 곳에 대한 치료와 마음의 위안을 기대한다. 연고 하나 발라주는 손길에서도 선생님이 자기를 사랑으로 대하고 있는지 건성건성 대하고 있는지 학생들은 예리하게 알아차린다. 처치를 기다리는 학생이 많아 조금이라도 급하게 발라주면 바로 반응이 돌아온다.

"선생님, 잘 좀 발라 주세요. 진짜 아프단 말이에요."

그런 반응이 아니라도 나는 정성껏 발라주고 싶은 사람이다. '남의 죽을병보다 나의 감기가 더 급하다.'라는 말도 있다. 눈에 보일 듯 말 듯 한 작은 상처라도 손끝에 생기면 본인은 따갑고 불편하다. 그러니 세심하게 약을 바르고 밴드를 붙여준다.

보건실에 환자가 많아 힘들다는 얘기가 나오면 대부분 선생님은 이렇게 말한다.

"그렇게 친절하게 하니까 그렇죠. 가끔 소리도 지르고 엄하게도 해야 하는데 말이죠."

그럴 때마다 한 번 더 생각하게 된다. '내가 과잉친절인가? 이것도 혹시 내 자존감 문제인가? 친절하지 않았을 때 발생할 수 있는 불편함에 대한 두려움 때문인가?' 그런 두려운 마음이 전혀 없는 것도 아니다. 그렇지만 그보다는 아픈 학생이니까 친절하게 대해야 한다는 생각이 먼저다.

성당에서 교육 분과 일을 한 적이 있었다. 교육 분과의 주 업무는 성당에 다니고 싶어 하는 사람들에게 일정 기간 교육하고 세례를 받을 때까지 도와주는 일이다. 성당에 처음 오시는 분들은 많이 낯설어한다. 사용하는 용어들도 생소하고 미사 드리는 방법도 잘 모르니 모든 것이 어색하고 낯설기만 하다. 그런 분들이 6개월 동안 교리교육을 잘 받고 세례를 받을 수 있도록 이것저것 뒤에서 도와주는 일이다.

나는 그 일을 정말 재미있게 했다. 마음껏 친절해도 되는 것이다. 그분들은 뭐든지 안내해드리면 고마워하셨다. 설명해주지 않으면 누구에게 선뜻 물어보기 어려운 것들을 안내하거나 그분들의 질문에 일일이 친절하게 답하는 것도 좋았다. 모르면 물어봐서 알려드렸다.

교리 시작 전에 각자가 선호하는 차 종류를 외워서 매번 물어보지 않고 드린다거나 교리가 끝난 후의 신앙생활에 도움 되는 정보를 드리는 것, 어색하게 들어오시는 분들에게 웃는 얼굴로 어서 오시라고 인사하는 것 등을 모두 기쁜 마음으로 했다. 딱 내 적성에 맞는 일이다. 이렇게 친절하게 하는 것이 기쁜 것은 어떤 마음일까? 이것도 내 자존감이 낮아서인가?

기쁜 마음으로 마음껏 친절하기

N원장은 개원한 한의사다. 친정 언니가 수술 후 몸의 회복이 늦어 기운을 못 차리고 있을 때였다. 보약이라도 먹어서 기운을 빨리 회복하고자 했다. 그래서 N의 병원을 방문했다. N원장은 언니의 병증에 대한 자세한 설명과 함께 약을 처방해주었다. 그리고 1주일에 2~3회 와서 침 맞고 물리치료를 받으라고 했다. 치료의 효과는 거짓말처럼 바로 나타났다. 2주 정도가 지나니 땅속으로 꺼질 것 같다던 몸도 가벼워졌고 여기저

기 쑤시던 근육통도 없어졌다. 치료를 그만 받아도 될 정도로 몸 상태가 좋아졌다.

 N원장은 치료할 때마다 정성을 다했다. 침을 놓을 때도 침에 대한 친절한 설명과 침 맞은 후의 몸 관리 방법까지 자세하게 설명해주었다. 밖에서 마주쳐도 다른데 아픈 곳은 없는지 친절히 물었다. 언니는 N원장 같은 사람 없다며 고마워했다. N원장이 언니에게만 친절한 것도 아니었다. 시간이 없어 약을 가지러 오지 못하는 다른 환자에게는 약을 직접 배달해 주기도 했다. 자기도 퇴근하는 길이고 가져다줄 만큼 시간이 되니까 가져다준다고 했다.

 의료 행위에 대한 설명은 의사의 의무이고 환자는 자세한 설명을 듣기를 원한다. 그렇지만 환자 입장에서는 의사를 믿어서 질문을 안 하기도 하지만 몰라서 질문을 못 하기도 한다. 나중에 궁금한 점이 있어도 그냥 넘어가는 것이다. N원장은 그런 환자의 입장을 잘 알아서 미리 자세히 설명해준다. 또 내가 치료하던 환자를 길에서 만났을 때 몸이 어떤지 묻는 것은 의사로서 당연한 관심일 것이다. 내 환자가 빨리 약을 먹어야 할 텐데 약을 가지러 올 시간이 없다. 나는 퇴근하는 길이고 먼 거리도 아니다. 그러면 상황에 따라 약을 가져다줄 수도 있는 것 아닌가? 이런 N원장이야 말로 환자가 진료받기 원하는 의사일 것이다.

 그런데 옆에서 지켜보는 나는 왠지 그냥 평범한 수준의 친절이 아닌 것처럼 느껴졌다. 보통 생각하는 의사는 환자의 약을 직접 나서서 배달할 정도로 친절하지 않기 때문이다. 나의 친절에 대한 생각은 이렇게 나를 떠나 다른 사람의 친절까지 의심하게 하고는 했다.

'내 친절의 어디까지가 순수한 친절이고 어디부터가 낮은 자존감 때문일까?' '내 친절이 상대방에게 나를 쉽게 보게 하는 것은 아닌지?' 하는 생각을 오래 하며 살다 보니 어느 순간 내 나름대로 기준이 생겼다. 친절하면서 내가 진심으로 기쁘면 그것은 순수한 친절이다. 마음껏 친절하게 행동한다. 친절을 행하면서 기쁨, 편안함 말고 다른 감정이 섞여 있다면 그건 의심해봐야 할 일이다. 그럴 때는 상대방에게 무례하지 않을 정도로만 행동하고 바로 생각을 거둔다.

'내 친절이 자존감이 높은 행위일까? 낮은 행위일까?' 하는 이런 부질없는 생각은 더이상 하지 않는다. 고민하는 자체가 낮은 자존감의 표시이다. 오히려 고민하는 동안 자존감은 더 낮아진다. 자신을 믿지 못하고 있다는 증거이기 때문이다. 나를 믿고 내 느낌대로 반응하고 행동한다. 자존감은 높을 때도 있고 낮을 때도 있다. 한결같이 낮은 자존감에 시달리는 사람과도 관계하기 어렵다. 그렇지만 항상 높은 자존감의 소유자도 별로 매력 없다. 조금 흔들려도 내 기준에 따라 행동하니 내 마음은 훨씬 편안해졌다. 내 마음이 편안하니 사람들과의 관계도 단순하고 부드러워졌다. 인간관계도 결국은 나 스스로를 얼만큼 믿느냐 하는 자존감의 문제이다.

21일 자존감 습관 트레이닝

나의 자존감이 고민이라면 고민은 짧게, 생각은 단순하게, 결정은 단호하게

내 행동이 낮은 자존감의 결과일까 염려된다면 고민은 짧게 하라. 생각이 많아지면 자존감은 더 낮아진다. 자신이 하고자 하는 방향대로 결정하고 행동할 때 나 자신에게 당당할 수 있다.

자존감 습관14
완벽한 인생이란 존재하지 않는다

그날 이후 나는 내 인생을 완벽하게 만들겠다는 마음을 접었습니다.
그 대신 내 인생을 더욱 재미있게 만들어 보기로 마음먹었죠.
나만의 이야기를 더욱 재미있는 모험으로 만들기로 했습니다.
이 결심으로 많은 변화가 일어났죠.
– 드류 휴스턴

완벽한 삶에 도전하다

오리슨 스웨트 마든이 쓴『행복하다고 외쳐라』에 실려 있는 이야기 중의 하나다.

이웃에 휴가를 갈 여유가 없다고 말하는 사람이 살았다. 여러 차례 사무실로 전화를 했지만, 한 번도 그 사람이 한가한 때를 발견하지 못했다. 그는 항상 일을 하고 있었다. 해가 지나도 맹렬히 일하는 기세는 식지 않았다. 그 사람은 자신이나 주변의 모든 사람들이 열심히 쉬지 않고 일해야 한다는 신조를 가지고 있었다.

휴가나 휴식은 터무니없는 소리이고, 일 외에 소비되는 시간은 낭비라고 말했다. 시골에 처박혀 있거나 아무 일도 하지 않고 빈둥거리며 보내기에는 인생이 너무 짧다는 것이 그의 지론이었다.

그리고 결국 그는 건강을 해쳤다. 손이 너무 떨려서 수표에 서명조차 하기가 힘들었다. 한때는 활기 차고 확고하던 발걸음은 불확실하고 느리게 변했다. 너무도 약해 금방이라도 쓰러질 것처럼 보였다. 그래도 그는 휴가를 떠나거나 일을 포기하기를 거부했다.

비록 그는 돈을 벌었을지 모르지만, 절대적인 실패자다. 직원들 중 그를 동정하는 사람은 아무도 없다. 너무 비열하고 인색하다고 여겼기 때문이다. 직원들뿐만 아니라 가족들도 그를 피했다. 너무 괴팍하고 불쾌했기 때문이었다.

위 이야기의 주인공이 어떻게 보이는가? 자기 몸과 마음이 망가지는 것도 모르고 여유도 없이 일만 하는 삶이 미련하고 어리석어 보이지는 않는가? 나는 처음 이 글을 읽었을 때 위 주인공의 마음이 어떤 마음일지 알 것 같아 오히려 안타까운 마음이 들었다.

'왜 그렇게 맨날 바쁘냐?'라는 질문을 받으면 나는 안심이 되었다. '내가 잘 살고 있다.'라는 확인 같아서였다. 나는 늘 바쁜 사람이었다. 퇴근 후 일정이 없는 날이 거의 없었다. 아무 약속도 계획도 없는 날은 도서관에라도 갔다. 저녁 9시 30분, 남편이 퇴근하는 시간에 맞춰 집에 돌아온다. 읽고 싶은 책을 읽고 도서관 문을 열고 나올 때 맡는 밤공기는 나 혼자만이 느끼는 작은 희열이다.

내게도 중년의 위기가 찾아왔다. 혹시 부부의 문제를 떠올렸나? 미안하지만 틀렸다. 마음의 위기다. 두 아이들 모두 성장하여 각자의 갈 길을 찾아 떠났다. 숨 가쁘게 달려온 발걸음이 저절로 멈춰졌다. 내가 서 있는 곳이 어딘지? 뒤도 돌아보고, 앞으로의 삶도 내다본다.

성장 과정 속에서 쌓인 부정적인 감정들. 그 부정적인 감정들 속에서 내가 얼마나 허우적거리며 살았는지, 스스로를 믿지 못해 이리저리 끌려다니기만 한 나를 발견했다.

이제부터라도 다른 사람들 신경 쓰지 말고 나를 위해, 오직 나에게만 집중하며 살고 싶었다. 온전히 나를 위한 완벽한 삶을 살고 싶었다. 그것이 나에게 해줄 수 있는 최소한의 보상이라고 생각했다. 내가 하고 싶은 일이 있으면 그게 무슨 일이든 바로 실천에 옮기자고 결심했다. 그렇게 결심하니 마음이 조급해지기 시작했다. 시간이 없었다. 다음은 그런 마음으로 하나 둘 시작한 일들이다.

첫째, 먼저 수영을 시작했다. 운동에 젬병인 나에게는 큰 도전이다. 관절염으로 고생하셨던 엄마를 생각하며 미리미리 예방하고자 했다. 한 번도 빠지지 않고 다녔다.

둘째는 골프다. 10여 년 전 친구의 권유로 시작했지만 생각한 것보다 많은 시간 투자와 돈이 필요한 운동이었다. 다시 시작했다. 연습장에 등록하고 레슨도 받기 시작했다.

셋째는 성당이다. 성당은 평일에도 미사가 있다. 월요일은 새벽에, 화요일과 목요일에는 저녁시간에 미사를 드린다. 미사 참례를 우선순위로 둔다. 내 삶의 주인이신 하느님께 드리는 시간은 온전히 비워두고 싶은 마음이다.

넷째는 내 몸매를 지키기 위한 스트레칭이다. 동영상을 보고 편집한 나만의 스트레칭 방법을 하루에 30분 이상 꾸준히 했다.

다섯째는 독서다. 독서법에 관한 책을 읽기 시작하면서 독서에 대한 욕심이 생기기 시작했다. 그동안의 내 독서 방법이 틀렸다는 것을 알게 되었다. 제대로 된 독서가 하고 싶었다. 주제별 집중 독서, 하루 한 권의 독서를 목표로 세웠다. 하루 한 권의 책을 읽기 위해서는 시간 확보가 필요했다. 새벽 다섯 시에 일어나서 읽기로 했다. 아침 잠이 많은 내가 새벽 다섯시에 일어나는 것은 큰 부담이긴 했다. 하지만 읽으려는 책의 3분의 1 이상은 아침 시간에 읽을 수 있었다. 왜 그동안 아침 시간을 잠으로 허비했는지 안타까울 지경이었다.

아직도 하고 싶고 해야 할 일은 많다. '나 홀로 유럽 여행'이라는 버킷리스트를 이루기 위해서는 영어 공부도 해야 한다. 학원 시간을 알아보니 시간이 안 맞는다. 친구가 같이 하자고 하는 탁구도 배우고 싶다. 해야 할 일은 많은데 시간이 없다. 직장 일도 더 성의껏 하려고 노력했다. 학생들에게는 마음을 다해서 사랑으로 대했다.

그러나 곰곰이 생각해보니 온통 나를 위한 계획과 실천만 있다. 남을 위한 삶도 살아야 했다. 평소 호스피스에 관심이 있었다. 알아보니 우리 지역에는 의료원에서 호스피스 자원봉사 제도를 운영했다. 그러나 관련 교육이나 봉사활동이 모두 낮 시간에만 진행되서 나 같은 직장인은 해당이 없었다.

월요일 저녁시간은 수영 말고는 다른 일정이 없었다. 대학병원 원목실에 월요일 저녁에 봉사할 게 있는지 문의했다. 아쉽게도 월요일은 원목실이 쉬는 날이라 봉사활동을 할 수 없었다. 머릿속은 온통 할 일과 해야할 일들로 가득 차서 다른 생각이 끼어들 틈이 없었다. 이렇게 새벽 5시부터 시작한 나의 하루는 밤늦은 시간까지 빈틈이 없었다. 저녁 먹을 시간도 없었다. 그래도 피곤하지 않았고 배도 고픈 줄 몰랐다.

완벽한 인생이란 존재하지 않는다

성당에서 대림절 특강이 진행되는 날이었다. 그날도 수영 끝나고 서둘러 성당에 갔다. 미사 끝나고 이어지는 특강을 들으려고 앉아 있는데 남편에게서 카톡이 왔다. 특강 중에 확인하는 카톡이라 드문드문 볼 수밖에 없었다. 그런데 뭔가 이상했다. 카톡 내용이 볼 때마다 달라졌다. 화면을 껐다가 다시 열면 내가 쓴 적이 없는 말이 쓰여 있었다. 내가 그런 단어를 쓰는 사람이 아닌데 말이다.

낮에 카톡을 주고받은 사람들과의 대화창을 모두 열어보았으나 모두 똑같이 낯설었다. 내가 하지 않은 말들이 쓰여 있었다. 다시 보면 전 내용이 또 달라지는 것이다. 나는 혼란스러웠다. 볼 때마다 달라지는 낯선 카톡 내용 때문에 특강 내용은 귀에 들어오지도 않았다.

특강이 끝나자마자 서둘러 집에 왔다. 다시 카톡창을 열었다. 또 낯설었다. 아까 읽은 카톡 내용이 아니었다. 매번 달라지는 카톡 내용을 확인하기 위해 카톡창을 여러 번 캡쳐 해놓았다. 그렇게 캡쳐 해놓은 카톡창은 다 똑같은 말이 쓰여 있다. 나는 더럭 겁이 났다.

그날 낮에 수영장에서의 멈칫했던 일까지 매치 되면서 나는 '치매가 온 것인가?' 하는 불안을 떨칠 수가 없었다. 접영으로 수영하는 중에 순간 '접영이 어떻게 하는 거지?'라는 생각과 함께 그 자리에서 멈춰버렸다. 팔과 다리를 어떻게 해야 할지 머릿속이 하얘졌다. 수영을 계속할 수 없어서 잠시 쉬었다.

우선 잠을 청했다. 자고 일어나면 괜찮아질 것이라고 생각했다. 다음 날 새벽 일찍 잠이 깨졌다. 얼른 카톡창을 열었다. 내가 썼던 말이 그대로 쓰여 있다. 괜찮아졌다. 다행이었다.

의사는 "인생이 모두 계획대로 되는 것은 아니라며 마음에 여유를 가지라."라고 했다. 평소의 나에 비해 잠이 많이 부족했고 식사량도 줄었지만 졸리거나 배고프지 않았다. 친구들도 최소한으로만 만나고, 전화하는 시간도 아까워 운전할 때만 통화했다. 저녁 먹을 시간도 없이 살았다. 그러나 과도한 열정은 오래가지 못했다. 그날 저녁의 카톡 사건은 나의 비정상적인 열정에 대한 브레이크였다.

그동안의 삶이 바보 같게만 느껴졌었다. 돌아보니 작은 시련을 나만 겪은 큰 무엇인양 부여잡고 알아달라고 징징댔다는 것을 깨달았다. 그전과는 반대의 삶을 살아야겠다고 생각했다. 조급해진 마음에 앞뒤 가릴 여유 없이 살았다. 잘못 산 지난 삶을 조금이라도 보상하고 싶었다. 그러나 브레이크에 걸려 넘어져 보니 내 생각이 틀렸다는 것을 알았다.

징징대며 살았던 내 삶도 의미 있고 소중한 삶이었다. 비록 후회 많고 쫄밋거리기만 했던 세월이지만 그 순간에도 나는 내 삶에 성실했었다는 것을 간과했다. 나는 내 삶을 사랑하고 있었다. 두 아이를 잘 키우기 위해 노력했고, 좋은 가정을 이루기 위해 애썼던 나의 노력을 내가 알아주지 못했다. 남들 다 아니라고 해도 나만은 스스로의 노고를 인정해 주었어야 했다. 그러나 나는 그러지 못했다. 오히려 지난 삶을 무시하고 더 나은 완벽한 삶을 찾아 정신없이 내달린 것이다.

'완벽한 인생이란 존재할 수 없다.'라는 사실을 이제는 안다. 나의 지나온 삶이 온통 후회뿐일지라도 그 삶은 내가 매 순간 최선을 다해 치열하게 살아온 소중한 시간이다. 내 삶의 노고를 내가 인정해야 한다. 그 노력과 성실함이 있었으니 오늘의 내가 있는 것이다. 나의 지난 과거가 어떤 모습이든 온전히 받아들이고 사랑할 때라야 비로소 현재를 올바르게 살아갈 힘이 생긴다. 당신의 아픈 과거에게 나의 따뜻한 응원을 보낸다.

21일 자존감 습관 트레이닝

하루 1시간, 온전히 나만을 위한 시간을 가지는 습관

하루 1시간이어도 좋고, 일주일에 하루여도 좋다. 그 시간은 오롯이 나만을 위한 시간으로 꾸며라. 아무것도 안 해도 좋고, 책을 읽어도 좋고, 여행을 가도 좋다. 아무에게도 방해받지 않는 나만의 시간은 내가 나를 소중히 여기는 마음이다.

비교는 남이 아니라 어제의 나와 하는 것이다. 나를 사랑한다는 것은 나를 지금 그대로의 모습으로 인정한다는 말이다

4장

The 21-day habit for raising self-esteem

마음의 상처를
아물게 하는
위로의 기술

자존감 습관15
상처받은 과거에서 뛰쳐나오라

상처를 치유하기 위해서는 먼저 그 상처를 마주 보는 용기가 필요하다.
– 파울로 코엘료

통학버스 안에서 생긴 일

학생들은 교복을 입는다. 교복은 학생의 상징이다. 학생 시절이 아니면 입을 수 없는 추억의 옷이다. 그래서인지 요즘 관광지에는 교복을 빌려주는 집이 많다. 학창 시절 입었던 교복을 다시 입는 순간, 꿈 많았던 학창 시절로 돌아가는 것이다. 그렇게 교복은 각자의 추억을 소환한다.

나는 딱히 교복에 관한 추억이 없다. 내가 중·고등학교를 다니던 시기는 교복 자율화 시기였다. 중학교 때 잠깐 입었던 교복을 끝으로 고등학교를 졸업할 때까지 교복은 부활하지 않았다. 내가 다닌 고등학교는 교복이 예쁘기로 소문난 학교였다.

그 예쁜 교복을 입어보지 못하는 것에 대해 많은 입학생들이 아쉬워했다. 나도 그런 사람 중의 한 명이었다. 교복이 예뻐서도 그랬지만 교복만큼 예쁜 사복이 없었기 때문이기도 하다. 그런 걱정은 입학하고 얼마 안 되어 바로 현실로 일어나고 말았다.

학교는 집에서 버스로 40분 정도 가야만 했다. 내가 사는 곳은 직행버스의 출발지였다. 그래서 좌석 걱정은 하지 않았다. 그렇지만 중간중간 정차하면서 타는 사람이 많다 보니 버스는 늘 만원이었다. 자리에 앉았다 하더라도 할머니나 할아버지가 서 계시면 자리를 양보해 드려야 했다.

그날도 여전히 사람이 많았다. 나이 지긋해 보이는 어른 한 분이 서 계셨다. 사람들 사이에 꼭 끼어서 옴짝달싹 못 하고 계셨다. 그 모습을 보고 있자니 마음이 편하지 않았다. 내 자리를 양보해 드렸다. 내 자리는 창가 쪽이었고 그 어르신은 내 자리에서 조금 떨어진 곳에 계셔서 자리 양보하는데 시간이 좀 걸렸다.

버스가 목적지에 도착하여 내리려고 하는데 그 어른이 나에게 '학생인지? 학생이라면 어느 학교에 다니는지? 이름은 무엇인지?' 물어보셨다. 나는 학교 이름만 말씀드리고 얼른 내렸다.

그런 일이 있고 몇 주가 흘렀다. 월요일 아침 조회 시간이었다. 매주 월요일마다 빼놓지 않고 하는 전체 아침 조회는 참 송신증 나는 시간이다. 뜨거운 여름에 하는 조회는 더 곤욕이다. 머리 위로 햇볕은 뜨거운데 전달 사항은 왜 그렇게 많은지 학생들이 일사병으로 한두 명 정도는 쓰러져야 조회가 끝났다.

학생 주임 선생님의 무서운 훈계가 끝나면 마지막으로 교장 선생님의 훈화 말씀이 이어졌다. 이제 시작했으니 끝나려면 아직 멀었다. 미리 각오를 하고 마음속으로 이런저런 딴생각을 하고 있었다. 그런데 그날은 교장 선생님 목소리가 유난히 크셨다. 이웃 학교 교장 선생님께 편지 한 통을 받았고, 이 자리에서 그 편지를 읽어주시겠다고 하셨다.

이웃 학교 교장 선생님의 편지 내용은 다음과 같다.

"얼마 전 버스를 타고 출근을 했다. 만원 버스에서 힘들게 서 있었다. 그런데 귀교에 다니는 한 여학생이 자리를 양보해줬다. 덕분에 편안하게 출근할 수 있었다. 짐도 많고 어려운 상황이었는데도 기꺼이 자리를 양보해준 그 학생을 칭찬해주고 싶어서 편지를 쓴다. 또한 학생들을 예의 바르게 잘 가르쳐주신 교장 선생님께 존경의 마음을 전한다."라는 내용이었다.

거기까지 들으면서도 그것이 내 얘기인 줄은 몰랐다. 그런데 버스의 행선지며 자리를 양보할 때의 어수선했던 상황, 학교와 이름을 물어봤더니 학교만 알려주고 쏜살같이 가버렸다는 얘기가 나오면서 나는 슬슬 긴장이 되었다.

"그날 제게 자리를 양보한 학생을 칭찬하고 싶습니다. 옷차림은 여유 있어 보이지 않았지만 그 착한 마음씨는……."

'옷차림은 여유 있어 보이지 않았다.'는 그 부분을 읽어 주실 때 여기저기서 작게 킥킥거리는 소리가 들렸다. 학생들에게는 지루하기만 했던 조회 시간이 그 편지 한 통으로 간만에 재미있는 시간이 된 듯했다. 그러나 나는 그 이후로 아무 말도 들리지 않았다. 그 넓은 운동장에 나만 혼자 발가벗긴 채로 세워진 기분이었다. 조회가 끝나고 교실까지 어떻게 왔는지 모른다. 다리에 힘도 풀리고 온 몸에 기운이 없어 그냥 책상에 엎드려 있었다.

편지의 주인공이 나라는 것이 밝혀진 것은 며칠 후였다.

"버스에서 자리양보한 적 있었니?"
"네."

"너였구나. 교장 선생님이 누군지 궁금해 하셨어. 선행상 줘야겠네."

"네? 네."

담임 선생님과 나눈 대화다. 그리고 나는 2학기 선행상을 받았다. 상을 받고 그렇게 기분이 나빴던 것은 그때가 처음이었다. 운동장에서의 수치심에 2차 가해를 당한 기분이랄까?

너무 늦게 와서 미안해!

아침마다 등교할 때 입을 옷은 고민할 것도 없었다. 상의는 점퍼 하나였으니까. 예쁘지도 않고, 색깔도 팥죽색으로 할머니 색깔이고, 입으면 몸매가 두리뭉실해지는 점퍼다. 그래도 엄마에게 다른 옷을 사달라고 조를 수는 없었다. 차비도 겨우 마련해 주셨다. 점퍼 하나 있으면 됐다고 생각했다. 운동화도 한 켤레 있으니 매일이 똑같은 차림이다.

매일 똑같은 옷차림으로 등교하는 일은 결코 유쾌한 일이 아니었다. 그런 나에게 교장 선생님의 '옷차림은 여유 있어 보이지 않았다.'라는 말씀은 상처에 소금 뿌리는 격이었다. 열일곱 살 여고생은 예쁘고 싶다. 꿈도 많고 웃음도 많고, 다양한 감성들이 자기 색을 띠게 되는 나이다. 작게 킥킥거리던 웃음은 온전히 내 자존감을 바닥으로 자빠뜨리기에 충분했다. 나의 고등학교 시절 바탕색은 회색이 되었다.

그때부터 나는 어디가든 나서지 않는 사람이 되었다. 팥죽색 옷처럼 어디가도 띄지 않으려고 했다. 한 발 뒤로 물러섰다. '여유 있어 보이지 않는 옷차림'은 옷차림에만 머무르지 않았다. 나는 점점 조용한 사람, 나서지 않는 사람, 자기 주장을 하지 않는 사람, 남의 결정에 따르는 사람이 되어갔다. 이렇게 나만 알고, 나만 기억하는 그 사건은 내 마음속 깊은 곳에 똬리를 틀었다.

대학을 졸업하고 몇 년 후 교사가 되었다. 교장, 교감 선생님을 모시고 여러 선생님들과 생활하면서 한동안 잊고 지냈던 그 날의 기억이 새롭게 해석되었다.

첫째는, 아직도 운동장에서 발가벗긴 채로 서 있는 나에 대한 연민의 마음이다.

둘째는, 교장 선생님과 담임 선생님에 대한 원망이다.
'그 교장 선생님도 그렇지. 칭찬을 해주시려면 깔끔하게 칭찬만 하셨어야지 왜 옷차림 얘기까지 하셨을까? 옷차림과 자리 양보가 무슨 관계라고. 또 우리 학교 교장 선생님도 그렇지. 그런 편지 읽으실 거면 옷차림 얘기는 빼고 읽어주셨어야지, 여고생한테 그런 말이 큰 상처가 될 수 있다는 것을 모르셨나? 교장 선생님들이라며 왜 그렇게 생각이 짧은 거지?

이건 칭찬이 아니잖아? 학생 입장을 한 번이라도 생각해봤어? 담임 선생님도 그래. 내 무너진 자존감을 알아채지 못하신 거야? 아니면 알고도 모른 척 하신거야? 아니지, 아예 생각도 못하셨던 거야!'

생각 없이 던진 교장 선생님의 한 말씀에 혼자 움츠러들고 꼼짝 못한 나로서는 한 발 딛고 일어선 큰 생각의 전환이었다. 이런 생각을 왜 그때는 하지 못하고 속으로 움츠러들기만 했을까? 이렇게 생각을 하니 내 잘못이 아니라는 생각이 들었다. 사실은 누구의 잘못도 아니었다.

운동장 한 가운데서 아직도 발가벗긴 몸으로 서 있는 고등학교 1학년의 내가 가여웠다. 몸을 가려주고 손을 잡고 꼭 안아주었다. 그리고 이렇게 말해줬다.

"옆 학교 교장 선생님 마음이 진심이었다는 것은 너도 알고 있지? 그거면 됐어. 여과 없이 읽어주신 교장 선생님이 좀 그렇긴 하지? 그런데 당신도 그런 편지 받아서 기뻤을 거야. 빨리 읽어주고 싶은 마음에 깊이 생각하지 못하셨을 수도 있어. 마음 넓은 우리가 이해해 드리자. 말하기 싫지만 사실은 나도 생각 없이 말하고 행동해서 남에게 상처 준 일 많거든. 아마 앞으로도 그럴 거야. 사람은 다 실수를 하면서 사니까.

담임 선생님은 그때 초임의 남자 선생님이었어. 나도 초임 때 학생들에게 생각 없이 말했던 적이 많아. 그땐 그게 잘하는 것인 줄 알았어. 그게 상처가 되는 말인 줄 이제야 알았어. 지금도 많이 미안해하고 있어. 총각 선생님이 여고생의 예민한 속마음을 캐치하지 못하는 것이 어쩌면 당연한 일 아닐까? 그래도 그때 담임 선생님 우리한테 인기 좋았잖아.

　괜히 너만 혼자 이제껏 마음고생한 것 같아서 속상해. 알아. 네 마음이 그때 어땠는지 내가 너무나 잘 알지. 그런데 이 나이가 되고 보니, 그 일이 네가 이렇게 마음속에 꼭꼭 담아둘 정도로 의미를 둘 일이 아니라는 생각이 들어. 이제 우리 그분들 용서해 드리자. 더 이상 그분들 잡고 있으면 우리만 바보 되는 거야. 그 교장 선생님 두 분 지금쯤 돌아가셨을 나이야. 돌아가신 분 붙잡고 어쩌라고. 이제부터라도 바보같이 과거에 살지 말자. 나 이제 괜찮아. 너도 알지? 너무 늦게 와서 미안해."

21일 자존감 습관 트레이닝

상처 받은 내면아이에게 인생 선배가 되어 편지 쓰기
내 안에 상처 받은 어린아이가 있다면 반드시 찾아가서 안아줘야 한다. 그리고 말해줘야 한다. '이제 괜찮다.'라고. 내 안의 어린아이가 이제 괜찮다고 할 때까지.

자존감 습관16
억눌린 상처를 치유하는 힘, 공감

당신이 무엇을 하고 있든 어떤 사람이든 간에 관심이란 선물을 주십시오.
– 짐 론

먼저 들어라. 공감하라. 그 다음에 말하라

3교시 수업 시작종이 울리기 직전이다. 은희가 보건실 문을 열고 들어온다.

"여기 다리도 아프고요. 허리도 아픈 것 같고요. 배도 좀 안 좋아요. 그리고… 머리도 좀….”

그 순간 안내판 뒤에 붙여놓은 문구를 한 번 쳐다봤다. '먼저, 들어라. 공감하라. 그 다음에 말하라.' 이 문구는 나만의 명언이다. 보건실에 오는 아픈 학생들은 하루 평균 70~80여 명 정도 된다. 많을 때는 100명이 되기도 한다.

각자 학생들은 다 자기 아픈 곳이 우선이고 중요하지만 혼자서 감당해야 하는 나는 자칫하면 짜증을 내기도 한다. 짜증을 내고 나면 마음이 편치 않다. 그래서 고안해낸 나만의 방법이다. 마음속에서 짜증이 슬슬 올라올 것 같으면 얼른 그 문구를 쳐다본다. 그러면 내 마음에 여유도 생기고 웃는 얼굴로 아픈 얘기를 들어줄 수 있다. 그러면 아픈 학생도 나도 모두 마음이 따뜻해져서 웃으며 헤어진다.

학생들은 수업 시작종 치기 직전이나 수업 시작종이 울리면 보건실에 온다. 그래야 합법적으로 수업시간을 조금이라도 깎아 먹을 수 있기 때문이다. 은희도 그런 친구 중에 한 명으로 보였다. 게다가 정확히 아픈 곳을 콕 집어 말하지 못하는 것도 전형적인 꾀병 친구들의 특징이다.

은희 말을 다 듣고 나서, 은희 눈을 쳐다보며 이렇게 말했다.

"오구오구, 다리도 아프고, 허리도 아프고, 머리도 아프고, 마음은 안 아파요?"

이렇게 말하면서 손가락으로 가슴 부분을 가르쳤다. 그런데 이게 웬일인가? 은희의 얼굴 표정이 갑자기 굳어지더니 눈에 살짝 눈물이 고이는 것이었다. 나는 깜짝 놀랐다. 난 그냥 꾀병이려니 생각하여 얼른 달래서 교실로 보내려고 한 말인데 이 녀석 반응이 수상하다.

그 다음부터 은희와 나눈 이야기다. 은희는 3학년 여학생이다. 1학기 때부터 같은 반 남학생 기훈이와 몇 번 만났다가 헤어졌다. 혹시 소문이라도 나면 부모님이 알게 될까 봐 무서웠다는 것이다. 그래서 절대 기훈이와의 이야기는 아무에게도 못 꺼내게 했다.

그런데 오늘 담임 선생님이 은희의 친한 친구와 상담 끝에 '요즘 은희가 기훈이와 만나는지'를 물어보셨다고 했다. 은희에게는 얘기하지 말라고 하셨단다. 담임 선생님이 왜 그런 질문을 하셨는지 백번 이해가 가는 일이다. 담임 선생님은 학교에서는 부모나 마찬가지다. 관심을 가지고 지켜보는 것은 오히려 고마운 일이다. 어른인 내가 보기엔 큰 고민은 아닌 것 같다. 그렇지만 은희는 많이 속상해했다.

그런데 얘기가 여기서 끝나지 않았다. 다음은 자기의 요즘 고민을 얘기 한다. 시험공부를 해서 성적이 올랐단다. 그런데 오른 성적이 생각보다 기쁘지 않다는 것이다. 또 발레가 너무 좋고 그래서 지금도 하고 있단다. 대학에서 전공을 하고 싶은데 부모님은 발레는 취미 정도만 하라고 하셨다. 부모님이 그러라니까 자기도 그렇게 생각은 하고 있다. 그런데 나중에 어른이 되어서 후회하지 않을까 걱정된다는 것이다.

그렇게 둘이서 이런 저런 얘기를 하는 동안 3교시 마침종이 울렸다. 자신의 이야기를 막 쏟아내는데 시작종 났으니 이제 그만 하라고 끊을 수가 없었다. 훌쩍거리며 시작했던 얘기가 성적을 거쳐 진로 문제로까지 이어졌다. 자기 얘기를 쏟아내서 그런지 은희의 표정은 환해져서 올라갔다. 자기도 말이 한 번 나오니까 멈출 수가 없었다고 쑥스럽게 웃는다.

난 그날 깨달았다. 공감의 힘! 내가 별생각 없이 붙여놨던 그 문구가 얼마나 좋은 문구였는지, 나 나름의 새로운 발견이다. 사실은 그 문구를 붙여놓은 다음부터는 내 마음에도 더 여유가 생겼다.

"어디 아파? 빨리 말해. 뒤에 기다리는 사람 많아."

이런 말을 불쑥불쑥 내뱉는 내가 싫었었다. 그래서 쓸어 담기 어려운 말부터 먼저 꺼내놓고 후회하지 말고 우선 듣고 공감하고 그다음에 말하자는 생각이었다. 그런데 이 문구를 붙여놓고 쳐다보기 시작한 뒤부터는 학생들과 나와의 관계가 훨씬 돈독해진 것이다. 내 마음이 학생들에게도 전달된 것 같아서 스스로도 흐뭇했다.

엄마는 그러면 안 되지

정신과 의사 정혜신의 『당신이 옳다』에서 옮겨온 초등학교 3학년 엄마의 편지다.

"하루는 아이 담임에게서 전화가 왔습니다. 우리 아이가 다른 아이를 때렸다고 했습니다. 전에 없던 일이라 상황이 궁금하기도 하고 좀 엄하게 이야기를 해야 할 상황이라 아이와 마주 앉았습니다. '내가 때리기는 했다. 그치만 그 친구가 먼저 말로 나에게 시비를 걸었던 거다. 선생님이 야단치셔서 내가 잘못한 것을 안다'며 '죄송해요 엄마.'라고 했습니다.

저는 아이가 학교에서 어느 정도 정리를 하고 왔다고 생각해서 '그래. 어찌 됐든 먼저 폭력을 쓴 건 잘못이야. 그걸 알았으니 됐어. 다음에는 그러지 말자.'라고 했습니다. 그랬더니 아이가 서럽게 울면서 말했습니다.

'엄마는 그러면 안 되지. 내가 왜 그랬는지 물어봐야지. 선생님도 혼내기만 해서 얼마나 속상했는데. 엄마는 나를 위로해줘야지. 그 애가 먼저 나한테 시비를 걸어서 내가 얼마나 참다가 때렸는데. 엄마도 나한테 잘못했다고 하면 안 되지.'

그리고 아이는 엉엉 우는 것이었습니다."

학교에서 이런 일은 종종 일어나는 일이다. 자기를 계속 괴롭히는 아이를 참고 참다가 끝내는 못 참고 주먹을 한 방 날리는 것이다. 이때는 참았던 분노가 한꺼번에 쏟아져 나오는 힘이라 맞는 아이는 상처가 클 수밖에 없다.

이럴 때는 먼저 때린 사람이 무조건 가해자가 되는 경우가 많다. 그렇게 가해자가 되어 보건실에 오는 학생은 대개 눈물을 흘린다. 억울하기 때문이다. 오히려 맞아서 온 학생은 당당하다.

"쟤가 먼저 때렸어요. 저는 맞은 사람이에요. 저 병원가야 되는 거 아니에요?"

큰소리를 친다. 이럴 때 나는 때린 녀석에게 이렇게 말해준다.

"많이 속상하지? 잘했어. 그런데 앞으로는 정 못 참겠으면 맞아도 표시 안 나는 엉덩이를 세게 때려. 엉덩이는 맞아도 아프기만 하지 크게 다칠 일 별로 없거든."

교사가 이렇게 말해도 되는 건지 모르겠다. 그러나 나도 속상해서 하는 말이다. 다행인 것은 이렇게 말해왔어도 실제 때리는 학생은 아직 한 명도 보지 못했다.

중학생만 되어도 학교에서 있었던 일을 부모님께 일일이 말씀 드리지 않는다. 담임 선생님도 나도, 다른 선생님, 친구들도 그 마음은 다 안다. 그러나 때린 녀석도 맞은 녀석도 다 우리 학생이다. 어깨를 툭 쳐주는 것으로 대신할 수밖에 없다.

은희는 그날 이런저런 마음속 이야기를 많이 꺼내놓고 갔다. 은희는 평소에 보건실에 자주 오는 친구가 아니어서 나와 익숙한 관계가 아니었다. 그런데도 그렇게 자기도 모르게 주저리주저리 자기 이야기를 하게 만든 것은 아마도 자신의 현재 마음을 건드린 내 말, '마음은 안 아파요?' 라는 말 한마디가 아니었을까 생각한다. 그 말 뒤에 내가 은희에게 한 말은 이것이 전부였다.

"그랬어? 히야~ 그런 일이 있었구나. 쌤도 그런 적 있는데, 오구오구!"

누군가의 마음을 읽어주고 공감해주는 것은 쉽기도 하고 어렵기도 하다. 살면서 나는 누구를 진심으로 공감해준 적이 있는지, 또 나는 누구에게 나의 상처를 깊이 공감 받아 본 적이 있는지 생각해본다. 사랑도 받아 본 사람이 줄 줄 안다고 한다. 공감도 그렇다. 받아본 사람이 잘 해줄 수 있다. 내 억울했던 감정을 100% 공감해주는 사람이 있다면 우리는 스스로 갇힌 감정의 감옥에서 조금은 쉽게 나올 수 있다.

그것이 전문가여도 좋고, 가까운 친구여도 좋다. 아무도 없다면 자기 스스로를 공감해주는 것은 어떨까? 과거의 상처로 아직도 아파하는 나를 들여다보고 그때 얼마나 힘들었는지 마음이 어땠는지 함께 이야기 해보자. 한결 마음이 따뜻해질 것이다.

21일 자존감 습관 트레이닝

나를 무조건 응원해주는 한 사람과 가깝게 지내기

무조건 내 편을 들어주는 사람이 있다는 생각만으로도 마음은 든든해진다. 지치고 힘들 때 가서 다 내려놓고 쉴 수 있는 품은 꼭 사람이 아니어도 괜찮다.

자존감 습관17
자신을 좀먹는 완벽주의를 버려라

완벽을 추구하는 한 마음의 평안은 결코 얻을 수 없을 것이다.
— 레프 톨스토이

완벽주의자에게 100점은 없다

"당신이 만족할 수 있는 당신의 시험 점수는 몇 점인가?"

시험이 끝난 학생들에게 시험 잘 보았냐고 물어봤다. '잘 봤어요.'라고
대답하는 학생들의 점수 폭이 의외로 넓다. 지난 시험에서는 27점 맞았
는데 이번엔 50점 넘었다고 좋아하는 학생도 있고, 80점 정도면 잘한 것
아니냐고 말하는 친구도 있고 95점으로 주변 친구들이 다 부러워하는데
도 5점 틀렸다고 속상해하는 친구도 있다.

시험 성적에만 기대하는 점수가 있는 것은 아니다. 살아가는 데에도 자신만이 세워두는 점수가 있다. 똑같이 어떤 일을 수행할 때도 어떤 사람은 그만하면 되었다고 만족하는 사람이 있는가 하면 어떤 사람은 끝까지 파고들어 마지막 하나까지 완벽하게 처리하는 사람이 있다. 자기는 완벽주의라고 말하는 사람이다.

정희 씨는 스포츠 강사이다. 스스로도 운동에 중독이 되었다고 할 만큼 운동을 좋아하고 열심히 하는 사람이다. 그런 정희 씨가 친한 친구와 함께 수영을 배우기로 했다. 정희 씨는 수영 강습반에서 제일 잘 하는 사람이었다. 그렇지만 같이 간 친구는 물에 뜨는 것조차 잘 못하고 매일 물만 잔뜩 먹기 일쑤였다. 정희 씨는 그런 친구를 위해 남아서 같이 연습도 했고 친절하게 가르쳐주기도 했다.

그러나 육 개월 후에 반전이 일어났다. 물에 뜨지도 못했던 그 친구가 어느 날 갑자기 물에 뜨기 시작하더니 실력이 나날이 좋아져서 그 반의 스타가 되었다. 강사도 그 친구를 칭찬해주고 친구도 좋아했다. 그러나 정희 씨는 그때부터 침울해지기 시작했다. 친구와 예전처럼 가깝게 지내지도 않았고 이유 없이 친구를 피하기 시작하더니 끝내는 수영도 그만두었다. 친구는 영문도 모르고 자기가 무엇을 잘못했는지 고민만 했다.

수영을 그만둔 정희 씨는 바로 골프를 시작했다. 정희 씨 주변 친구들

중에는 골프를 하는 사람은 거의 없었다. 정희 씨와 친했던 지인들이 골프를 하기 시작한 것은 몇 년이 지난 후였다. 후배가 골프를 시작했다는 것을 안 정희 씨는 후배와 함께 종종 라운딩을 다녔다.

그러던 어느 날 골프 라운딩에서 후배는 그동안 한 번도 받지 못했던 좋은 성적을 거두었다. 그날 후배는 공이 너무 잘 맞아서 좋았는데 정희 씨는 후배만큼 잘 치지 못했다고 했다. 그날 이후 정희 씨는 골프를 하지 않았다.

완벽주의는 자신의 어떤 부족한 부분을 감추고자 하는 노력이다. 자신이 생각하는 자신의 부족한 점을 그대로 인정하지 않고 완벽을 추구하여 그 부족함을 메꾸고 가리고자 한다. 더 노력해서 완벽하지 않으면 다른 사람들에게 그 결핍이 보여질까 두려운 것이다.

완벽주의자에게는 만족한 점수가 없다. 자기가 세워놓은 기준은 성취할수록 더 높아지기만 한다. 결핍 상태의 자기와 완벽하고자 하는 자기의 간격은 점점 멀어지게 된다. 끝내는 자신이 원하는 완벽에 도달할 수 없다는 것을 알게 될 때가 온다. 이때는 완벽에 이르지 못한 나를 심하게 자책하게 된다. 나를 무능하고 게으르고 바보 같은 사람으로 여기고 비하하게 된다.

그러나 한 가지 알아야 할 것은 다른 사람들은 나의 완벽하고자 하는 노력이나 기준에 대해서는 아무 관심이 없다는 것이다. 나의 부족한 점을 들키지 않고 다른 사람들에게 인정받고자 끊임없이 노력했지만 정작 다른 사람은 그 결과에 관심이 없다. 자신만 비참하게 생각하고 자괴감에 빠지게 되는 것이다. 인정받고 싶어서 완벽해지려고 노력했지만 돌아오는 것은 자기비하와 자괴감뿐이다.

내 만족 점수는 80점

어제는 후임자에게 업무 인수인계를 하는 날이었다. 며칠 전 이미 따로 만나서 꼼꼼하게 인수인계를 해놓아서 또다시 할 필요는 없었다. 남은 내 짐만 챙기고 그동안 가깝게 지냈던 분들과 작별인사를 나눌 계획으로 여유 있게 출근했다. 그러나 계속되는 후임자의 질문으로 작별 인사는 퇴근 후로 미뤄야 했다. 불안해하는 후임에게 "걱정하지 말라. 시간이 다 해결해준다."라고 말했지만, 후임은 여전히 걱정이 가득한 얼굴이다.

보건 교사는 한 학교에 한 명이다. 건강에 관한 모든 것은 내가 책임져야 하고 나의 판단에 따르게 된다. 그만큼 발생할 수도 있는 사고에 대한 불안이 크다. 나 또한 그런 상황에 대한 불안감으로 힘들었던 적이 있었다. 또 한 명이다 보니 내가 잘못하면 나 개인에게보다 전체 보건 교사에게 누가 될까 조심하며 생활했었다.

보건실 비우지 않기, 모든 응급상황에 대한 완벽한 대비, 친절한 보건 교사, 보건 수업 재미있게 하기 등등 모든 것을 잘하고 싶었다. 그러나 잘한다는 것에는 기준이 없었다. 내가 어디까지 해야 잘하는 것인지 정확한 점수판이 없었다. 그러면 그럴수록 부족한 면이 더 커 보이고, 부족한 면을 메우기 위해 더 동동거리니 마음은 늘 분주하고 지쳐갔다. 어느 순간 '내가 왜 이렇게 동동거리고 다닐까?' 하는 생각과 함께 잘해 보이겠다는 생각을 거두게 되었다.

그때 정한 내 만족 점수는 80점이었다. 무슨 일이든 80점까지만 하자고 생각하니 마음이 편해졌다. 80점 정도면 내가 평소에도 늘 하는 정도의 점수이니 부담 없었다. 어쩌다가 90점이라도 되면 내 자존감은 상승 곡선을 탄다. 80점으로 기준을 내리니 생각이 단순해지고 마음의 여유가 생겼다. 완벽하고자 애썼던 전보다도 학생들에게는 더 친절해졌고 업무 처리 면에서도 융통성을 발휘할 수 있게 되었다.

완벽주의는 사람을 자유롭지 못하게 한다. 완벽하려는 마음은 이미 자신에게 결핍된 부분이 있다는 말이다. 그 결핍을 인정하지 않고 완벽으로 나아가고자 하는 노력은 이미 자신의 실제 모습과는 일치하지 않는다. 완벽한 모습을 보여주기 위해서는 자신을 포장해야 하기 때문에 행동에 있어서 자유로울 수 없다. 완벽주의라는 감옥에 스스로를 가두는 꼴이 되고 만다.

스스로가 만든 감옥에 갇혀서 '나는 이래야 해.' '나는 더 잘해야 해.' '더 친절해야 해.'라는 자신만의 기준에 얽매여 사는 것이 완벽주의자의 삶이다. 도저히 다다를 수 없는 기준을 만들고 자신을 채찍질해가면서 완벽하게 해서 사랑받고자 한다. 그러나 완벽에 이를 수 없는 자신은 점점 무기력해지고 드디어는 무기력해서 아무것도 할 수 없는 상태에 이르게 된다. 그러나 정작 자신이 그렇게 완벽해 보이기를 원했던 타인들은 그런 자신에게 아무런 관심조차 없다

자신을 좀먹는 완벽주의에서 빨리 벗어나야 한다. 내가 했던 기대 수준을 낮추는 방법을 추천한다. 기대 수준을 낮춘다는 것은 나의 부족함을 그대로 드러낸다는 것이다. '그래, 나 이렇게 부족한 사람이야. 어쩔래?' 하는 배짱을 부려보기 바란다. 자신의 부족함을 인정한다는 것은 부끄러운 일이 아니다. 용기 있는 일이다. 자신의 부족함을 인정하지 않고 감추려는 마음이 더 부끄러운 일이다. 자신의 솔직한 모습을 내보였을 때 다른 사람은 나에게 더 호감을 보인다. 다른 사람들도 나처럼 다 완벽하지 못한 사람이기 때문이다.

드러난 자신의 부족함이 무엇인지 알고 그 부족함까지 있는 그대로 사랑해주는 것이 자기를 사랑하는 것이다. 거짓 자기가 되기 위해 애쓰지 말고, 자신을 있는 그대로 사는 진짜 완벽한 삶을 살게 될 때 행복해지고 자존감도 향상된다.

모든 사람은 다 사랑받고, 인정받고, 가치 있는 사람이 되고 싶어 한다. 그래서 자신의 부족한 점을 채우고 보강하고자 강박적으로 노력한다. 그러나 완벽을 추구하면 할수록 자신이 세워놓은 만족의 기준은 더 높아만 진다. 부족한 자신의 모습과 완벽하고자 하는 자신의 이상은 더 멀어지게 된다. 완벽하지 못한 자신을 발견했을 때 한없이 무능해 보이고, 게을러 보이고 무가치해 보이는 자신을 책망하게 된다.

자신을 좀먹는 완벽주의를 버려야 한다. 부족한 내 모습을 그대로 인정하고 사랑해야 한다. 자신이 완벽주의 성향을 보인다면 내가 감추려고 하는 것이 무엇인지 들여다보고 찾아보기 바란다. 그리고 그 부족한 점을 그대로 인정하고 받아들이는 것이다. 부족한 나 그대로를 사랑해야 내 인생이 행복해지고, 내 인생의 주인으로 살아갈 수 있다.

21일 자존감 습관 트레이닝

자신이 도달할 수 있는 자신만의 만족 점수를 정하라

전 과목 100점짜리 인생은 없다. 도달할 수 없는 100점을 기준으로 세워놓고 자신을 몰아붙이지 마라. 100점을 향하여 달리느라 주변 경치는 돌아보지도 못하는 우를 범하게 된다.

성공의 어머니, 실패를 기꺼이 맞아라

결코 넘어지지 않는 것이 아니라 넘어질 때마다 일어서는 것,
거기에 삶의 가장 큰 영광이 존재한다.
– 넬슨 만델라

실패했다. 그래서 성공했다

"우리 인생의 최대 영광은 한 번도 실패하지 않는 데 있는 것이 아니라 넘어질 때마다 다시 일어서는 데 있다. 가장 성공한 사람은 한 번도 실패하지 않은 사람이 아니라 실패할 때마다 조용히, 그러나 힘차게 다시 일어난 사람이다."

울리버 드스미스의 말이다. 실패를 겪는 사람들은 두 부류로 나눌 수 있다. 실패에 좌절하는 사람과 실패를 딛고 다시 일어서는 사람이다. 실패하기를 원하는 사람은 없다. 그러나 원하지 않는다고 해서 실패하지 않는 것은 아니다. 실패를 어떻게 받아들이든 실패의 상황은 오게 마련이다. 실패를 경험하는 것은 패배자에게나 성공자에게나 모두 슬픈 일이고 힘든 과정이다. 그러나 성공하는 사람들은 실패를 성공으로 가는 과정으로 보고 실패를 디딤돌 삼아 다시 일어선다.

'실패했다. 그래서 성공했다.'라고 자신의 성공 이유를 실패의 경험이라고 말하는 사람이 있다. 『실패했다. 그래서 성공했다』의 저자 김태광은 가난했던 탓에 10대 때부터 신문 배달, 우유 배달, 주유소 주유원, 막노동, 공장 생활, 전단지 돌리기 등 수십 가지 아르바이트를 해야 했다. 라면 하나로 하루를 견디고 버스 정류장 10곳의 거리를 걸어 다니면서도 그는 작가로 성공하겠다는 꿈을 놓지 않았다. 출판사로부터 3년여 동안 400여 번의 거절을 당하면서도 좌절하지 않고 꿈을 포기하지 않았다.

가난은 죄가 아니라고 말한다. 하지만 죄는 아닐지 몰라도 인생의 많은 부분을 포기하게 만들고 자신감 없게 만든다. 그러나 작가 김태광에게 가난은 성공에 걸림돌이 아니라 디딤돌이었다. 가난한 환경을 극복하고자 노력하는 과정의 경험들은 그를 더 강하게 만들었고 포기를 모르는 사람이 되게 만들었다.

한 경제연구소에서 조사한 바에 따르면 우리나라 20, 30대의 다섯 명
중 네 명은 노력으로 계층 상승을 할 수 없다고 생각한다고 한다. 나 또
한 학창 시절 가난한 가정 환경 때문에 하고 싶은 일을 하지 못하고 꿈꾸
지 못했다고 지금까지 생각했다. 그러나 나보다 훨씬 어려웠던 환경에서
일궈낸 김태광 작가의 성공 스토리를 읽으며 나의 가난했던 시절은 더
이상 나에게 핑계가 될 수 없다는 것을 깨닫게 되었다.

'실리콘밸리의 작은 거인'으로 우리에게 잘 알려진 김태연 회장의 어린
시절은 기구하기 짝이 없다. 새해 첫날 태어난 손녀에게 할아버지는 "조
상님들 제가 무엇을 잘못했기에 이런 어려움을 주십니까?"라며 김씨 집
안을 망칠 년이라는 독설을 퍼부었다. 아버지는 그녀가 태어난 후 술로
세월을 보냈고 그 모든 화살을 그녀에게 돌렸다. 여자로 태어났다는 이
유로 갖은 모욕과 천대 속에 어린 시절을 보내야 했던 김태연 회장은 그
당시 "넌 안 돼, 넌 재수 없는 년이야."라는 말을 귀에 못이 박히도록 들
으며 살아야 했다.

어느 날 술 취한 아버지가 스무 살이 넘은 누나를 때리는 것을 본 그녀
의 남동생이 아버지의 멱살을 잡고 흔드는 일이 생겼다. 남동생은 그 죄
책감으로 끝내 자살하고 말았다. 그 충격으로 그녀와 가족들은 도망치듯
미국으로 이민을 떠났다.

김태연 회장은 미국에서도 시댁 식구들의 인종차별에 시달려야 했고 두 번에 걸친 유산과 이혼을 겪어야 했다. 뒤이어 교통 사고와 건강 이상으로 식물인간이 되어 죽음에 직면하기도 했다.

태어난 날 아침 축복은커녕 김씨 집안을 망칠 년이라는 저주의 말을 들었다. 자신의 존재 자체가 거부당하는 순간을 성인이 되어서까지 경험했다. 스무 살이 넘도록 아버지에게 여자로 태어났다는 이유로 매를 맞아야 했다. 엄마에게는 '이게 다 너 때문이다. 같이 죽자.'라는 원망만 들어야 했다.

"He can do, she can do, why not me?"

'넌 안 돼.'와 같은 말 한마디에 우리는 쉽게 상처 받고 그 말이 성인이 되어서까지 뇌리에 남아 영향을 끼치기도 한다. 그러나 김태연 회장은 어린 시절의 차별과 존재 자체의 거부에도 자신을 비하하거나 비관하지 않았다. 오히려 방황하는 청소년들을 자신의 자녀로 삼아 11명 입양아의 엄마가 되어 사랑을 베풀었다.

어린 시절 부모에게 받은 상처로 어른이 되어서도 부모에게서 벗어나지 못하는 사람들이 많다. 할아버지와 아버지, 엄마 모두가 자신의 부정적인 감정을 김태연 회장에게 쏟아냈다. 그 모든 부정적 감정들의 폭탄 세례 속에서도 자신을 미워하거나 포기하지 않고 사랑했다.

미국에서의 연이은 시련과 실패도 그녀에게 성공을 포기하게 할 수 없었다. 오히려 '왜 나는 안 되느냐?'라는 도전만이 있었다. 현재 김태연 회장은 미국 최초 여성 그랜드마스터, 미국 100대 우량기업 여성 CEO, 6개 회사를 소유한 TYK그룹의 회장으로 많은 사람들에게 사랑받는 사람이다. 그녀가 사랑받는 이유가 위에 나열한 직함들 때문만은 아닐 것이다. 엄청난 과거의 상처와 시련에 굴복하지 않고 자신을 믿고 꿈을 포기하지 않는 그 정신에 감동하는 것이다.

김태연 회장은 계속되는 실패들 앞에서 좌절하지 않고 이렇게 말한다.

"He can do, she can do, why not me?그도 하고 그녀도 한다, 왜 나라고 못하겠는가?"

과거의 좋지 않은 기억은 우리의 앞길을 막을 만한 힘이 없다. 지나간 과거일 뿐이다. 우리라고 왜 못하겠는가? 지금이라도 과거에 나에게 상처를 준 나를 포함한 모든 이들을 용서하고 나 자신이 되어 살아보자. 과거 속에 묶여 있는 사람은 현재를 제대로 살아갈 수 없다. 용서한다는 것은 내가 그 상황으로부터 자유로워진다는 것이다. 자유로워야 무엇이든 도전할 수 있다. 자신에게 'why not me?' 라고 크게 외쳐보자.

우리는 태어나서 죽을 때까지 수많은 선택을 하게 된다. 그 선택의 결과가 항상 만족스러울 수는 없다. 살면서 작은 실패들을 계속 경험할 수밖에 없다. 성공은 그 작은 실수들을 하나하나 받아들이고 더 나은 선택을 하는 것이다. 작은 성공이 모여서 내 인생이 되는 것이다. 성공한 사람들도 어느 날 갑자기 성공하는 것은 아니다.

발명가 에디슨은 전구를 발명하기까지 9,000번의 실험을 거쳤다고 한다. 8,999번의 실험들이 있었기에 가능했던 일이다. 에디슨이 8,999번의 실험을 단순히 실패라고 생각했다면 전구의 발명은 불가능했을 것이다. 한 번 실험을 할 때마다 성공으로 한 발짝 다가가는 길이라는 믿음이 있었기에 가능한 일이다.

영화 〈바람과 함께 사라지다〉에서 "내일은 내일의 태양이 떠오른다."라고 부르짖던 주인공 비비안 리를 기억하는가? 비비안 리도 처음부터 여주인공으로 뽑힌 것은 아니다. 자신이 탈락한 것을 안 비비안 리는 실망했다. 그러나 '더 좋은 배역이 기다리고 있기 때문'일 것이라고 생각했다. 그랬기에 "다음에는 제게 꼭 맞는 배역을 주시기 바랍니다."라고 감독에게 말할 수 있었다. 그리고 당당하게 들어갔던 문을 향해 돌아 나왔다. 그 순간 감독은 "타라의 흙을 움켜쥐고 태양은 내일도 또다시 떠오른다고 부르짖는 스칼렛 오하라 역은 바로 저런 모습이야."라면서 비비안 리를 주인공으로 택했다고 한다.

실패의 끝에 서서 '나는 이제 끝이야. 더 이상은 안 돼.'라며 절망만 하고 있다면 정말 더 이상은 없는 끝이 될 수 있다. '이게 끝이 아니야. 더 나은 무엇인가가 기다리고 있어.'라고 생각하는 사람 앞에는 희망이 있고 더 나은 미래가 기다리고 있다.

실패의 상황에서 희망을 선택해야 한다. 절망을 선택하는 것은 실패에 좌절하고 쓰러지고 마는 실패자의 모습이다. 실패했을 때 실패의 원인을 찾고, 같은 실패를 하지 않기 위해 노력하는 지혜와 용기가 필요하다. 성공한 사람들은 실패 상황에서 절망하지 않는다.

당신의 인생에는 어떤 실패와 어떤 성공이 있는가? 혹시 과거의 어떤 일, 인간관계의 크고 작은 실패 속에 주저앉아 울고만 있지는 않는가? 과거의 아물지 않은 상처에 대한 기억을 여전히 끌어안고 지금 이 순간도 실패의 스토리를 쓰고 있다면 이제는 울음을 그치고 일어나야 할 때다. 지나간 과거를 붙들고 매달리며 아이처럼 떼를 써봐야 돌아오는 것은 '나는 실패했고, 인정받지 못했다.'라는 근거 없는 자기비하뿐이다. 도전해서 성공의 스토리를 써야 한다.

실패의 기억이 심어진 머릿속에는 실패가 자라고, 성공한 기억이 심어진 머릿속에는 성공이 자란다. 실패가 심어진 곳에서 성공이 자랄 수는 없다. 나를 더 이상 실패 속에 두지 말아야 한다. 김태광 작가처럼 '백절불굴'의 정신으로 김태연 회장의 'why not me?'의 마음으로 당신의 실패의 기억들이 성공으로 이어지는 디딤돌이 되길 바란다.

21일 자존감 습관 트레이닝

실패한 자신에게 양손을 반대편 어깨에 올리고 토닥토닥 '괜찮아. 실패도 경험이야.'라고 말해주기

자존감이 낮은 사람은 타인의 실수에는 관대하고 나의 실수에는 비난의 칼을 들이댄다. 실수는 누구나 할 수 있고 누구나 하는 것이다. 다른 사람이 실수했을 때 내가 해주는 말을 나에게도 해주자. 실패도 마찬가지이다. 자신을 비난하는 일은 이제 그만하자.

자존감 습관19
숨겨둔 과거의 슬픔을 안아주라

행복한 사람은 어떤 특정한 환경 속에 있는 사람이 아니라
어떤 특정한 삶의 태도를 갖고 살아가는 사람이다.
- 휴 다운스

스포트라이트는 부담스러워

누구나 소중한 물건을 담아놓는 나만의 상자 하나쯤은 가지고 있지 않을까? 값비싼 보석일 수도 있고, 소중한 사람들과의 추억이 담긴 사진일 수도 있고, 중요한 서류들이거나 일기장일 수도 있다.

나에게는 편지 상자가 있다. 이사 갈 때마다 제일 먼저 챙기는 상자다. 그 속에는 초등학교 때부터 친구들과 주고받았던 손 편지들도 있고, 아이들 키워가면서 어버이날마다 받은 편지도 있고, 고등학교 졸업하고 직장 생활 할 때 고등학교 은사님께 받은 격려의 편지도 있다. 그래도 제일 많은 것은 지금의 남편이 군 생활할 때 보내왔던 편지들이다.

비오는 날 혼자 있을 때 차 한 잔 하면서 옛 친구들이 궁금해지면 그 상자를 열고 색 바랜 편지를 읽어보기도 한다. 그러면 마음은 어느새 그 시절로 돌아가 그 친구들을 만나고 있다. 은사님의 편지를 읽으면서는 직장 생활 하던 시절이 떠오르면서 '그땐 그랬었지, 힘들긴 했지만 친구들과는 즐거웠어!' 하면서 그 시절을 추억한다. 살다 보니 마음속에도 꼭꼭 숨겨둔 상자가 있다는 것을 알게 되었다.

지금의 내 모습은 지극히 평범한 보통사람의 일상이다. 그러나 과거의 나보다는 마음으로나 경제적으로나 훨씬 안정되고 여유로운 상황이다. 문제가 있다면 겉으로는 평화로운 일상인데도 어느 부분에선가는 덜컥하고 걸리는 때가 있다는 것이다.

모임에서 야유회를 갔다. 단체 사진을 찍으려고 포즈를 취했다. 내 스마트 폰으로 찍게 되었다. 그런데 찍어주시는 분에게 작동 방법을 알려드리고 다시 내 자리로 왔다. 한 후배가 가운데에 자리를 비워놓고 거기에 앉으라고 했다. 나는 한사코 그 자리를 피하고 맨 가장자리 원래 내자리에 앉아 사진을 찍었다. 그때 그 후배가 이상하다는 듯이 쳐다보며 "왜 가운데를 싫어하는 거지?"라고 말했다. 그냥 지나가는 말로 들을 수도 있었다. 그런데 그 말이 귀에 걸렸다.

'내가 가운데를 싫어했나?' 그랬다. 여럿이 사진 찍을 때 나는 거의 맨 가장자리에서 사진을 찍곤 했다. 그게 마음이 편했다. 가운데에 서는 것은 왠지 내가 여러 사람 앞에서 중심이 되고 스포트라이트를 받는다는 느낌이어서 마음이 편하지 않았다. 그렇게 생각하고 나니 가장자리에 선다는 것이 자신감 없는 모습인 것 같았다. 그래서 그 뒤부터는 사진 찍을 때 일부러라도 중심 쪽에서 찍으려고 했다. 지금은 별생각 없이 사진을 찍지만 말이다. 사진 한 장 찍으며 참 별생각을 다 한다고 생각하나? 그런데 그런 사람이 있다.

내 마음속 작은 상자

이렇게 마음에 덜컥 걸리는 것들에 대한 원인을 찾던 중 발견하게 된 것이 내 마음속 작은 상자이다. 내 편지 상자에 추억이 되는 편지들을 담아 놓듯이 내 마음 상자에도 차곡차곡 중요한 기억들이 쌓여 있었다.

초등학교 1학년 때 요양 떠나신 엄마를 보러 가던 날의 기억부터 최근 사건에 대한 기억까지 굵직굵직한 기억들이 많기도 했다. 그러나 더 놀란 것은 그 기억들의 대부분이 하나같이 슬프고 우울한 기억들뿐이라는 사실이다.

나는 왜 그 상처들을 이겨낼 생각은 한 번도 못 하고, 상처에 짓눌려 이렇게 자신감 없이 살아왔을까? 그런 내게 화가 났다.

정혜신은 그의 저서 『당신이 옳다』에서 내 마음속 상자를 이렇게 말한다.

"사람의 속마음은 무의식적 욕구나 욕망뿐 아니라 살아오며 겪었던 상처와 그 감정들, 미처 떠올리지 못했던 오래된 기억들이 빼곡하게 모여 있는 캄캄한 곳이다. 나의 일상은 쓸고 닦고 아름답게 꾸미느라 환하게 불을 밝혀놓은 곳이지만 속마음에까지 불을 환하게 켜놓고 살진 못한다. 그래서 속마음은 형광등마저 깜빡이는 반지하 방처럼 대체로 캄캄하다."

일상은 관계 속에 사느라 포장이 필요하지만 내 마음속 상자까지 미처 돌볼 여유는 없다. 일상 속에서 서로 부딪히며 살다가 생기는 생채기들은 마음속 상자에 쓸어 담고 문을 닫는다. 그리고는 잊어버린 줄 알고 산다. 어느 날 비슷한 생채기를 만나면 화들짝 놀라 마음속 상자의 기억을 꺼내보는 것이다. 캄캄한 내 마음속 상자에 불을 밝혀 보고 싶다. 정말 이것이 다인지.

일본드라마 〈해파리 공주〉에서 츠키미는 자신이 좋아하는 슈에게 고백을 받지만 받아들이지는 못한다. 자기 집까지 찾아온 슈를 왜 만나지 않았느냐는 쿠라노스케의 질문에 츠키미는 이렇게 대답한다.

쿠라노스케: 자기 마음을 전하려고 갔는데 만나주지 않았다며? 집에까지 찾아와서 기쁘지 않았어? 왜 안 만나줬어?

츠키미: 옛날부터 그랬어요. 슬프거나 기분 나쁜 일이 있을 땐 마음속 작은 상자에 다 집어넣어요. 완벽하게 잊을 순 없지만 그 상자를 테이프로 둘둘 감아서 다시는 열리지 않게 해두면 잊는 것과 마찬가지니까요.

쿠라노스케: 하지만 그 상자에는 기뻤거나 즐거웠던 일도 들어 있지 않아? 직접 확인해봐.

내 마음속 작은 상자에도 기뻤던 일이 있긴 있었을까? 즐거웠던 일이 아예 없지는 않았을 텐데. 상자의 문을 열고 뒤적거려 본다. 첫 아이를 낳고 기쁨에 겨웠던 일, 섬에서 섬으로 멸치배타고 출장 다니던 추억, 장거리 연애로 가슴 설레던 주말 등 아름다운 추억들도 구석구석에 많다.

우리의 마음속 작은 상자에는 기쁨, 슬픔, 행복, 절망 등이 함께 들어 있다. 그러나 지금 내가 처해 있는 현실이 암울하다고 해도 기쁨, 행복을 꺼내든다면 얼마든지 행복해질 수 있다.

나는 왜 내 마음속의 상자에서 슬픈 기억들만 꺼내 보며 살았을까? 기쁨, 행복, 희망 이런 것들은 왜 보이지 않았을까? 슬픔이 너무 크게 각인

되어 기쁨, 행복, 희망을 가려버린 것은 아닐까?

살면서 덜컥 걸리는 무엇인가 있다면 마음속 작은 문을 열어볼 시간이다. 문을 열고 불을 켜고 그 속에 들어가 보자. 그 속에서 꽁꽁 싸 두었던 슬픈 기억을 만난다면 꼭 한 번 안아주길 바란다. 지금의 나는 과거속의 나보다 언니이고 형이다. 엄마이고 아빠이다. 언니로 형으로, 엄마로 아빠로 '수고했다.'고 '이젠 괜찮다.'고 쿨하게 얘기해주자. 슬픈 기억에 가려있던 기쁨, 행복, 희망을 빨리 만날 수 있는 지름길이다.

21일 자존감 습관 트레이닝

내 마음속 작은 상자에서 기뻤던 일, 행복했던 일 꺼내보기

내 마음속 작은 상자에서 무엇을 꺼내 볼지는 나의 선택에 달려 있다. 상자를 열고 구석구석 불빛을 비춰보자. 상자속 어둠속에 가려져있는 기쁨, 행복, 희망을 볼 수 있을 것이다.

자존감 습관20
꿈보다 해몽이 중요하다

> 비관론자는 어떤 기회가 찾아와도 어려움만을 보고,
> 낙관론자는 어떤 난관이 찾아와도 기회를 바라본다.
> – 윈스턴 처칠

점괘, 사주와 관련된 기억들

옆집에 살던 연주 언니는 감기 걸리면 병원 가는 것처럼, 무슨 작은 일이라도 생기면 바로 점을 보러 간다. 정해놓고 다니는 단골 점집도 있다. 올해 남편이 승진을 할지 못 할지? 또 승진 발표가 난 다음에는 임지가 어디로 정해질지 물어보러 간다. 새로 입주해 얼마 살지 않은 아파트에서 '이사를 가야겠다.'라고 했다. 점집에서 언니 허리가 아픈 이유가 이 아파트에서 살아서 그렇다고 했다.

조금 기다리면 승진 발표가 날 테고 발표가 나면 임지도 바로 알 수 있다. 또 몸이 아프면 병원에 가서 검사받고 치료를 받아야지 왜 점쟁이를 찾아가는지 모르겠다. 언니에게 이런 얘길 하며 왜 자꾸 점을 보러 가느냐고 물어봤다. 불안해서 그런다고 했다. 미리 알면 아예 기대하지 않고 마음 편히 포기하면 되고, 혹시 다른 대처 방법이 있을까 싶기도 하다는 것이다. 또 좋은 소식이면 미리 알아서 얼마나 좋으냐고 했다.

나에게도 점괘, 사주와 관련된 기억이 몇 가지 있다. 연주 언니와는 달리 결코 마음 편하지 않은 기억이다.

중학교 1학년 때다. 버스 옆자리에 앉은 아저씨가 나를 물끄러미 쳐다보더니 "너 큰일 났다. 앞으로 한 달 안에 앞 못 보는 장님이 되게 생겼다."라며 자기는 어디어디에 사는 사람이다. 사람들 앞날을 잘 맞추는 사람이다. 그러니 집에 가서 부모님께 말씀드리라고 하는 것이다. 때마침 내려야 할 시간이어서 '왜 장님이 되는지?' 물어보지도 못하고 내려야만 했다.

내가 장님이 된다고 생각하니 앞이 캄캄했다. 집에 오자마자 엄마께 말씀을 드렸다. 내 말을 들으신 엄마는 "별 이상한 사람 다 봤네. 어린애한테 별소리를 다 해. 걱정 말고 밥이나 먹어." 엄마의 단호한 한마디에 바로 눈물은 그쳤다. 그렇지만 그 뒤 한동안은 혼자 불안했었던 기억이 있다.

두 번째는, 결혼 생활과 관련한 이야기다. 내가 결혼을 한다고 하니 둘째 오빠가 아는 스님에게서 결혼식 날을 받아왔다. 지금 이 사람과 결혼하면 평범하고 무탈하게 잘살 거라는 사주도 함께 전해주었다.

결혼 후 첫 번째 설 명절날, 시댁 식구들과 띠 이야기를 하다가 남편의 나이가 내가 알고 있는 나이보다 한 살 더 많다는 사실을 알게 되었다. 남편은 내 대학 동창의 초등학교 동창이다. 대학 동창이 말띠이니 당연히 그 동창도 말띠일 것이라고 생각했다. 그래서 둘째 오빠가 남편의 생년월일과 태어난 시를 물어봤을 때도 말띠로 알려주었다.

남편의 나이가 한 살 더 많다는 사실을 알게 된 둘째 오빠가 털어놓을 게 있다고 했다. 우리 부부의 사주는 '평범하고 무탈하게'가 아니었다. 남편의 사주가 세 번 결혼할 사주였다. 오빠는 사주는 누구랑 사는지에 따라 얼마든지 변할 수 있는 것이고, 또 나쁜 사주라고 해도 결혼할 것을 알아서 우리들 마음이나 편하게 살라고 좋은 사주라고 말했다고 했다. 가볍게 웃어 넘기고 말았다.

그런데 사람 속마음이 원래 그런 건지 내 마음만 그런 건지, 남편의 나이를 잘못 알아서 너무 다행이란 생각이 드는 것이다. 세 번 결혼할 사주라니! 그러면 나는 어떻게 된다는 것인가? 내가 죽나? 아니면 이혼하나? 등 별생각이 다 들었다.

세 번째 이야기는 10년 전으로 거슬러 올라간다. 점괘라고 보기는 어렵다. 그러나 내게는 점괘 이상의 영향을 미친 이야기라 말해보려고 한다. 직장에 30대 여선생님이 새로 왔다. 나이 차이는 났지만 생각도 비슷하고 이야기도 잘 통해서 가까이 지내게 되었다. 쉬는 날 함께 근처 유원지로 나들이를 갔다. 이런저런 얘기를 나누다 보니 자기 속 얘기도 하게 되었다.

그 선생님은 '다른 사람이 못 보는 것을 본다.' '등 뒤에 무엇인가 보이는 사람이 있다.'라고 했다. 나는 순간 장난기가 발동했다.

"내 뒤엔 뭐가 보여? 빨리 봐. 커다란 돈 뭉치 같은 거 보이지?"

그랬더니 웃어가면서 조금 미안한 듯이 말했다.
"돈은 안 보이는데요."

'으이구, 그냥 보인다고 말해주지.' 그런데 또 그 말이 걸리는 것이었다. 그 뒤로 돈이 없는 상황이 되면 자꾸 그 말을 빗대서 얘길 하게 되는 것이다. "그래, 내 뒤엔 돈이 안 보인다고 했어." 어휴~ 나도 나를 못 말린다. 지금 와서 생각해보면 그 말을 한 번씩 할 때마다 '내가 경제적으로 부유하지 않은 것을 나도 모르게 당연하게 받아들이지 않았나.' 하는 생각이 든다. 다른 사람 한마디에 이렇게 생각 없이 수긍하는 내 얄팍함이 참 내 맘에 안 든다.

네 번째는, 아버지의 사주책이다. 아버지는 사주책으로 동네 사람들 사주도 봐주시고, 혼인날이나 이삿날을 택일해 주시기도 하셨다. 쉬실 때는 자주 사주책을 들여다보시곤 했었다.

그날도 그런 날 중의 하루였다. 아버지가 나를 불러 사주를 봐주셨다. 초년은 고생 좀 하고, 중년은 좋고, 말년엔 외로울 것이라는 게 내 사주 팔자다. 아버지가 보여주신 사주책에서 내 말년 모습은 '한복 입은 여자 혼자 툇마루에 앉아 청승맞게 달을 쳐다보고 있는 그림'이다. 그 모습은 어린 나이인 내게도 왠지 모르게 서늘하게 느껴져서 얼른 고개를 돌렸던 기억이 있다.

그렇지만 곧 잊고 살았다. 그런데 나이를 먹으면서 그 그림이 은근히 신경이 쓰이기 시작했다. 사주책에서 본 내 모습이 현실이 될까 싶어 불안한 마음이 들었다. 남편이 이런 나랑 사느라고 좀 피곤했을 것이다.

교양 있는 척 이런 불안한 속마음을 감추려고 했다. 그렇지만 어디선가는 분명히 표시가 났을 것이다. 언젠가 내가 이런 얘길 남편에게 했더니 '그런 걸 진짜 믿느냐?'라고 되물어 왔다. '그런 이상한 사주팔자 믿지 말고 자기를 믿어라.'라고 했다. 나만 사랑한다나! 그 이후엔 남편이 조금이라도 아프면 또 걱정인 것이다. 내가 무슨 걱정을 하는지 짐작할 것이다. 내가 나 때문에 못 산다.

꿈보다 해몽이 중요하다

나는 지금 시력 1.0이다. 아이 둘 낳고 남편과 무탈하게 살고 있다. 큰 부자는 아니지만 그렇다고 큰 경제적 어려움을 겪는 것도 아니다. 나에게 사주팔자는 맞기도 하고 틀리기도 하다. 50%의 확률이다. 그러나 나쁜 사주로 인한 감정소모는 마이너스 200%는 족히 넘을 것이다

"그래 내 뒤엔 돈이 안 보인다고 했어."라는 말을 하면서 돈이 없는 나를 스스로 인정하게 만들었다. 말이 씨가 된다는 말도 있다. 자신의 앞날을 말 한마디로 쉽게 단정 지은 것 같아서 안타깝다.

노년에 외롭다는 사주팔자도 마찬가지다. 노년에 외롭지 않은 사람이 어디 있을까? 배우자가 있는 사람은 다 외롭지 않고 배우자가 없는 사람은 다 외로울까? 조금만 생각해보면 알 일이고 생각의 방향만 살짝 바꿔도 바로 헤어날 수 있는 말이다.

좋은 사주나 점괘로 마음의 위안을 받는 사람도 있다. 그러나 나에게 사주나 점괘는 맞출 확률로도 들으나 마나한 이야기고 들을수록 부정적인 생각과 불안만 쌓이게 한다.

그래서 나는 점은 물론이고 심심풀이로 보는 타로점이나 신문의 하루 운세도 즐기지 않는다. 어차피 주어진 운명이라면 그때그때 최선을 다해 살면서 개척하든 받아들이든 하면 된다고 생각한다. 미리 알아서 쓸데없는 감정소모를 할 필요가 없다.

지금은 이렇게 바꿔서 생각해본다. '내 뒤에 돈이 안 보인다고 말한 그 여선생님이 내게 진짜 하고 싶었던 말은 무엇이었을까? 분명히 내 뒤에서 좋은 기운을 봤을 거야. 그런데 내가 대뜸 돈이 안 보이냐고 성급히 물어봐서 엉뚱하게 이야기가 돈 쪽으로 흘러간 게 틀림없어.'

'아버지가 보여주신 사주책에서 중년 그림 속엔 어떤 좋은 내용의 그림이 있었을까?' 하면서 내가 원하는 행복한 중년생활을 마음껏 상상해본다. 부정적인 것 보다는 긍정적인 것에 집중해야겠다는 결심이다.

'꿈보다 해몽이다.'라는 말이 있다. 어떤 꿈을 꾸든지 해석을 좋게 하면 나쁜 꿈도 좋은 일을 불러올 수 있다는 말이다. 혹시 나처럼 유쾌하지 않은 사주팔자나 점괘, 사소한 남의 말 한마디 때문에 신경이 쓰인다면 반대로 생각해보는 것은 어떨까? 사주팔자를 꿈이라 생각하고 스스로 긍정적인 해몽을 해보는 것이다. 긍정적인 생각은 자존감을 높여주는 배경화면이다.

21일 자존감 습관 트레이닝

내가 습관적으로 자주 하는 말을 종이에 적어보기

'죽겠어, 내가 못 살아, 안 돼, 하지 마, 나는 못 해, 왜 그랬을까?' 등과
같은 부정적인 말들을 반복하고 있다면 '괜찮아, 잘했어, 할 수 있어,
좋아.' 등의 긍정적인 말로 바꿔보자. 말은 살아 있어 그대로 이루어지
게 하는 원동력이 된다.

자존감 습관21
생각하는 대로 된다고 믿어라

심리학에서는 한 가지 법칙이 있다.
이루고 싶은 모습을 마음속에 그린 다음 충분한 시간 동안
그 그림이 사라지지 않게 간직하고 있으면,
반드시 그대로 실현된다는 것이다.
– 윌리엄 제임스

믿고 상상하는 대로 이루어진다

골프 황제 타이거 우즈는 특정인만 즐기던 골프를 지금처럼 대중화시킨 주역으로 인정받는 최고의 프로 골퍼다. 그의 골프 스윙은 골프계의 교과서라고 불릴 정도로 많은 사람이 닮기를 원하는 스윙이다. 타이거 우즈가 참가하는 경기장은 우즈의 환상적인 스윙과 그림 같은 퍼트를 보기 원하는 갤러리들로 가득 찬다.

이런 타이거 우즈의 스윙을 말할 때 언급되는 훈련 방법은 '이미지 훈련'이다. 아버지 얼 우즈가 타이거 우즈에게 적용한 훈련 방법이다. 자신의 이상적인 스윙 모습을 마음속에 상상하는 방법으로 일어날 수 있는 경우의 수에 대비하는 것이다. 이 방법은 실제 경기 상황에서 효과적이라고 한다.

타이거 우즈뿐만 아니라 많은 스포츠선수들이 이 방법으로 훈련을 하고 있다. 우리나라의 야구선수 추신수, 베이징올림픽 금메달리스트 장미란 선수도 이미지 훈련을 많이 했다고 한다.

골프를 시작한 지 7년째 되는 남편은 한동안 고민이 많았다. 실력이 퇴보하여 다시 초보가 된 것 같다며 스트레스를 받았다. 선수들도 잘 쳤다 못 쳤다 하는데 일반인이 어떻게 한결같이 잘 칠 수 있겠느냐고 말해도 계속 스트레스를 받는 눈치였다. 친구들과의 라운딩을 며칠 앞두고 열심히 연습하는 남편에게 타이거 우즈의 이미지 훈련 방법을 이야기해줬다.

남편에게 '자신을 믿어라. 당신은 충분히 잘 치는 사람이다. 불안해하지 말고 정확하게 공을 맞히는 자신의 모습만 상상해라. 의심하지 말고 확신하고 쳐라. 치기 전에 당신의 스윙이 얼마나 멋있고 힘 있는 스윙인지, 또 당신이 친 공은 정확하게 목표 지점을 향해 날아가고, 당신이 마지막 피니쉬 자세까지 모양새 나게 하는 모습을 상상할 것'을 수시로 말했다.

처음엔 반신반의하던 남편도 내가 사례들을 들어가며 열변을 토하니 라운딩 당일에는 알겠다고 했다. '잘 치는 자신의 모습을 상상하고 칠 것'

을 여러 번 약속하고 운동을 나갔다. 결과는? 성공이었다. 원래대로 돌아왔다는 말과 함께 당신 덕분이라는 인사까지 들었다.

1998년 〈뉴욕타임스〉에 실린 옻나무 실험은 우리의 믿음이나 상상이 어떤 결과를 가져오는지 잘 알려준다. 아무런 해가 안되는 식물로 팔을 문지른 후 실험 참가자들에게 사실은 이 식물이 옻나무였음을 알려 주었다. 그러자 실험에 참여한 13명 모두의 피부에서 옻나무에 닿았을 때와 똑같은 발진이 생겼다. 진짜 옻나무를 문지른 사람들에게 무해한 식물이었다고 말했다. 결과는 참가자 중 2명만이 피부 발진이 생겼다.

어떻게 믿느냐에 따라 결과가 어떻게 달라지는지 알 수 있는 실험이다. 두뇌는 상상과 현실을 실제로 구분하지 못한다고 한다. 간단한 예로 신 레몬을 상상했을 때 우리 입에 침이 고이는 것은 전에 맛보았던 레몬의 신맛을 상상하기 때문이다. 상상만 해도 몸이 반응을 보인다. 실제 옻나무이든 아니든 상관없이 내가 옻나무라고 믿으면 옻나무 발진과 똑같은 증상이 나타나는 것이다.

똑같은 실패의 상황에 있을 때 '나는 왜 맨날 이 모양이지?' '또 실패야. 난 어쩔 수 없는 구제 불능이야.'라고 생각하는 사람은 그 사람의 실제 상황과 관계없이 실패를 불러오는 구제 불능이 될 수 있다. 하지만 '실패했네. 무엇이 문제였지?' 하며 문제를 찾아내고 해결하고 다시 도전하는 마음을 갖는 사람에게는 부정의 마음이 들어설 자리가 없다.

자라면서 점점 거칠어지는 아이들의 말투를 보며 어떻게 고쳐줘야 하나 하다가 생각해낸 방법이 고구마 키우기였다. 당시 베스트셀러였던 『물은 답을 알고 있다』에서 말하는 대로 좋은 말의 효과를 아이들과 함께 실험해보기로 했다. 크기도 색깔도 비슷한 고구마를 세 개 골라서 똑같은 그릇에 담고 베란다 앞에 나란히 놓았다. 1번 고구마에게는 좋은 말만 하기, 2번 고구마에게는 나쁜 말만 하기, 3번 고구마는 신경 쓰지 않고 그냥 물만 주기로 약속하고 실험을 시작했다.

결과가 책과 다르면 아이들에게 어떻게 설명을 해야 하나 걱정하는 마음도 있었다. 그러나 결과는 놀라웠다. 싹도 제대로 틔우지 못하고 맨 먼저 시들어간 고구마는 3번 고구마였다. 2번 고구마는 간신히 싹은 틔우고 조금 자라기는 했지만 더 이상 자라지 못하고 늘 시들시들했다. 반면 1번 고구마는 줄기가 그릇 위에까지 무성하게 자랐다. 결과가 너무나 명확해서 고구마 선택이 잘못되었나를 다시 살펴보기까지 했다.

아이들도 나도 무관심이 비난보다 나쁘다는 것, 어떤 말을 써야 할까를 진지하게 깨우친 실험이었다. 그러나 말이나 생각이 어떻게 식물에게까지 영향을 미치는지를 알게 된 것은 미립자에 대해 알고 나서이다. 김상운은 그의 저서 『왓칭』에서 객관적으로 자신의 내면을 바라보는 순간 마음의 병이 거짓말처럼 사라졌다고 한다. 그 비밀을 미립자에서 찾았다. 만물을 쪼개고 쪼개어 더 이상 쪼갤 수 없을 때 나오는 것이 미립자이다. 이 미립자가 눈에 안 보이는 물결로 존재하다가 내가 어떤 의도를 품고 바라보느냐에 따라 눈에 보이는 현실로 나타난다는 것이다. 이를 증명한 실험이 이스라엘의 와이즈만 과학원이 1998년에 실시한 이중슬릿 실험이다. 노벨물리학자 수상자인 파인만 박사도 "이 실험을 통해 우리의 마음이 어떤 원리로 만물을 변화시키고 새 운명을 창조해내는지 한눈에 알 수 있다."라고 동의하는 실험이다.

'생각하는 대로 된다'라는 신의 선물

내 생각에 따라, 내 말 한마디에 따라, 내가 어떻게 상상하느냐에 따라 내 앞에 나타날 결과가 달라진다. 암울한 생각보다는 희망적인 생각을 해야 내 미래가 밝아진다. 어떤 일이 발생했을 때 긍정적으로 생각하면 긍정적 결과를 가져오고 부정적인 생각을 하면 부정적인 결과를 가져온다는 이론이 플라시보 효과, 노시보 효과이다.

플라시보 효과는 약효가 전혀 없는 약을 좋은 약이라고 말하고 먹게 했을 때 진짜 약의 효과가 나타나는 현상이다. 보건실에 오는 학생 중에는 약을 많이 먹는 친구가 있다. 그럴 때 미리 준비해 놓은 비타민을 줄 때가 있다. 그 친구는 약을 먹으니 다 나았다고 한다.

그 반대인 노시보 효과는 실제 효과가 있는 약을 주었더라도 약을 먹는 사람이 약의 효능을 믿지 않으면 약효가 제대로 발휘되지 않는다는 이론이다. 천식 환자들에게 어떤 증기를 마시게 하고 이것이 화학물질로 된 자극적이며 알레르기를 일으키는 것이라고 말했더니 환자 중 절반 정도가 호흡에 문제가 생겼고 12명은 완전히 발작을 일으켰다. 이후 기관지에 도움을 주는 약이라며 치료제를 주자 환자들의 상태가 좋아졌다. 그러나 이 환자들이 마셨던 증기는 모두 같은 식염수였다.

같은 식염수를 마시고도 알러지를 일으키는 화학물질이라고 생각하는 사람은 실제 화학물질과 똑같은 반응을 나타냈다. 그러나 치료제라고 알고 있는 사람은 치료의 효과를 나타낸다. 냉장고에 있던 음료수를 마시고 아무렇지도 않았는데 알고 보니 그 음료수가 유통기간이 지난 음료수였다는 것을 알고는 갑자기 배가 아파지는 경험을 한 번쯤은 해보았을 것이다. 우리의 생각이 몸의 건강을 결정하는 것이다.

플라시보 효과, 상상의 힘, 이미지 훈련, 미립자 실험까지 모두 내 믿음과 생각에 따라 달라지는 결과를 보여주는 실험이다. 성공한 사람들의 책에 한결같이 나오는 말도 '자신을 믿어라. 생각하는 대로 이루어진다. 이미 이루어진 모습을 상상하라.'라는 말이다. 성공한 사람들은 자신이 알고 있었든 모르고 있었든 생각의 힘 상상의 힘을 믿고 실천한 사람들이다.

우리의 삶은 참 평탄치 않다. 살면서 기쁜 일좋은 일과 함께 감당하기 어려운 현실 앞에 마주 설 때가 있다. 그럴 때 생각하는 대로 된다고 생각하라. 내가 마주한 고통이 사실은 아무 효과 없는 식염수일 수도 있다. 현실은 내 믿음과 생각, 어떻게 상상하는지에 따라 정반대의 결과를 가져올 수 있다. 신은 우리에게 고통을 주기도 하지만 그 고통의 해결책도 함께 준다. 바로 '생각하는 대로 상상하는 대로 된다.'는 사실은 신의 선물이다. 과거의 상처도 긍정의 플라시보 효과를 적용해보면 어떨까? 오늘 이 순간 플라시보 효과를 선택하는 당신을 응원한다.

21일 자존감 습관 트레이닝

하루 두 번 거울 보고 나를 칭찬해주기

칭찬을 남에게서만 받으려고 하지 마라. 내가 나에게 해주는 칭찬이야말로 언제 어디서든 마음껏 받을 수 있는 칭찬이다. 있었던 일에 대한 칭찬을 말로 표현하거나 '오늘도 파이팅'과 같은 진심 어린 응원의 메시지가 더할수록 나의 자존감도 플러스가 된다.

우리의 마음속 작은 상자에는 기쁨, 슬픔, 행복, 절망 등이 함께 들어있다. 그러나 지금 내가 처해 있는 현실이 암울하다고 해도 기쁨, 행복을 꺼내든다면 얼마든지 행복해질 수 있다

5장

The 21-day habit for raising self-esteem

21일 습관으로
지금부터 행복해지자

01
인생의 행복은 자존감이 결정한다

낮은 자존감은 계속 브레이크를 밟으며 운전하는 것과 같다.
– 맥스웰 몰츠

난 운이 좋았을 뿐이야

"잠깐만 기다려. 윤영아, 선글라스 좀 줘 봐."

사진만 찍으려고 하면 큰언니가 하는 소리다. 주름 자글자글한 얼굴이 찍히는 것이 싫어서 사진을 안 찍으려고 한다. 꼭 찍어야 할 상황이 되면 이렇게 선글라스를 쓴다. 선글라스로 눈가를 가리고 사진을 찍으면 웬만해서는 모두 성공적인 사진이 된다.

눈가 주름도 안 보일 뿐만 아니라 선글라스 아래의 얼굴 부분이 상대적으로 갸름해 보이고, 활짝 웃는 입도 예뻐 보인다. 선글라스를 껴줘야

카메라 앞에서 자신 있게 포즈를 취할 수 있는 것이다.

살면서 인생에서도 이런 선글라스 하나쯤 있으면 편리하겠다고 생각했었다. 내 모습대로 편하게 살다가 선글라스가 필요한 상황이 되면 언제라도 꺼내서 쓰고, 활짝 웃고 사진 한 컷 찍듯이 생활하면 좋지 않을까?

영화 〈레옹〉의 마틸다로 잘 알려진 배우 나탈리 포트만은 아역배우 시절부터 연기력이 뛰어났다. 일찍부터 그 능력을 인정받았고, 하버드대 심리학과 졸업생으로 6개 국어를 할 줄 아는 다재다능한 사람이다. 거기에 미모까지 겸비해서 누가 봐도 성공한 사람, 탁월한 능력자다. 그런 그녀가 모교 하버드대학교 강연에서 이렇게 고백했다.

"입학식 날 느꼈어요. 이건 실수라고. 난 여기 있는 사람들 사이에 있기엔 충분히 똑똑하지 못했거든요. 그래서 매 순간 '난 멍청한 여배우가 아니야!'라는 걸 증명하는 데 많은 애를 쓰고 시간을 소비했어요."

애플의 수석 디자이너 알랜 다이는 불안을 고백한 적이 있다.
"언젠가 모든 게 들통 날지도 모른다는 두려움에 죽을 것 같습니다. 내가 실제로는 수준 이하의 엉망이라는 사실을 사장님이 곧 알아챌 텐데, 그게 너무 두려워요."

이들뿐만 아니라 해리포터 주인공 엠마 왓슨, 아인슈타인, 페이스북 최고 운영책임자인 셰릴 샌드버그 등 성공한 인생을 사는 사람들 중에는 의외로 열등감으로 괴로워하는 사람이 많다.

남보다 뛰어난 능력을 가지고 있고 직업적으로도 큰 성취를 이루었음에도 불구하고 자신을 무능한 사람이라고 믿는다. 자신의 능력에 확신을 갖지 못하고 자신의 성공 이유를 자신 밖에서 찾는다. '이번엔 운이 좋았어.' '꼭 내가 아니어도 누구나 할 수 있는 일이었어.'라고 말하면서 스스로의 능력을 인정하지 않는다. 그러니 언젠가는 자신의 무능한 정체가 드러날까 봐 항상 두려운 것이다.

이런 열등감과 두려움은 낮은 자존감에서 나온다. 겉으로는 성공한 사람으로 화려하게 사는 것으로 비춰진다. 그러나 나탈리 포트만이 고백한 것처럼 매 순간 자신이 멍청한 여배우가 아니라는 걸 증명하는 데 많은 애를 쓰고 시간을 소비해야 하고, 앨런 다이처럼 자신의 무능이 들통 나서 사장이 알까 봐 두려워 죽을 것 같은 삶은 행복한 삶이라고 하기 어렵다.

이렇게 성공한 사람들이 겪는 열등감을 가면증후군Imposter Syndrome 이라고 한다. 가면증후군이 나타나는 이유는 기대치가 높은 사람이 실패에 따를 수 있는 마음의 충격을 피하기 위해서 자신을 과소평가하는 것이다. 즉, 실패했을 때 '나 원래 그 정도 능력은 안 되는 사람이었어.'라고 생각하는 것으로 실패에 대한 충격을 완화시키고자 하는 방어기제의 일종이다. 사람의 심리란 참 복잡하고도 복잡하다. 실패에 대한 핑계를 미리 찾아놓고 또 그 핑계 때문에 괴로워하는 모습이 안쓰럽기까지 하다.

가면증후군을 집중적으로 연구한 팀은 대학 신입생부터 저명한 인사에 이르기까지 광범위하게 인터뷰를 진행했다. 그중에 적지 않은 사람들이 가면증후군 증세를 보였다고 한다. 꼭 성공한 사람에게만 나타나는 증후군은 아니다. 나도 위와 비슷한 경험이 있다.

대학교 평생교육원에서 운영하는 스피치 과정을 수강한 적이 있었다. 직장에서도 직원들 대상으로 교육을 해야 할 일이 종종 있었고, 여러 사람들 앞에서 발표해야 할 일도 많았다. 그때마다 긴장해서 전달해야 할 내용을 제대로 전달하지 못하고 허둥지둥 무대에서 내려오는 내 모습에 더 이상은 안 되겠다 싶어서 등록한 과정이다.

첫 시간부터 스피치로 시작하고 스피치로 마무리 했다. 말 못해서 배우러 갔으니 말을 해야 하는 것은 당연한 것 같은데 도무지 적응이 되지 않았다. 시나리오도 없이 즉흥적으로 주어지는 상황에 따라 스피치를 해야 하고, 예고도 없이 불러 세워 발표를 하도록 한다. 그러나 나만 제외하고 다른 사람들은 떨지도 않고, 조리 있게 발표도 잘 했다. 스피치를 배우러 온 사람이 아니라 즐기러 온 사람들 같았다.

과정 후반부에는 1,200석 대강당에 모여 각자 준비한 원고를 가지고 발표하는 시간이 예정되어 있었다. 나는 그 과정에 여성 총무를 맡고 있었다. 다른 남성 총무와 함께 그 행사의 진행을 맡게 되었다. 트레이너 선생님의 지도로 사전 연습을 했다. 개인 발표 연습도 '잘하지는 못해도 망신은 당하면 안 되지.' 하는 마음으로 열심히 준비했다. 행사는 무사히 끝났고 나는 그 발표대회에서 대상을 수상했다. 진행도 매끄러웠다고 칭찬 받았다.

그런데 나는 그 칭찬과 대상 수상을 진심으로 기뻐하지 못했다. 아나운서 출신의 트레이너 선생님 칭찬인데도 긴장했던 나를 떠올리며 기쁘게 받아들이지 못했다. 발표회 대상도 내가 잘해서 받은 것이 아니라 다른 사람들이 바빠서 연습을 성실히 못 한 탓이라고 생각했다. 또 내가 총무로 고생했으니 플러스 알파로 주는 상이라고 생각했다.

나는 나 자신의 능력을 그대로 인정하지 않았다. 내 능력을 의심하고 폄하했다. '나 제법인데!'라면서 스스로 칭찬해주고 트레이너 선생님의 칭찬도 그대로 받아들였다면 기쁨이 배가 되었을 텐데. 그러지 못했다.

높은 자존감 가면 쓰고 살아가기

심리학자 융은 "인간은 천 개의 가면을 가지고 상황에 따라 적절한 가면을 바꿔 써가면서 주변 세계와 상호관계를 만들어 간다."고 했다. 그리고 가면은 개인이 사회적 요구에 적응할 수 있게 해주는 인터페이스의 역할을 하게 된다고 했다. 가면을 쓰는 행위가 인간의 자연스러운 행위라니 마음이 편해진다. 선글라스 끼고 사진 찍을 때 당당한 언니처럼, 자존감 높은 가면으로 골라 쓰고 살아보는 것은 어떨까?

동네에 온갖 나쁜 짓을 다 하던 한 남자가 있었다. 어느 날 이웃 마을에 사는 착하고 아름다운 아가씨를 보고 한 눈에 반했다. 그 아가씨는 너무나 순수해서 자기 같은 나쁜 남자는 감히 쳐다볼 수 없는 사람이었다. 고민하던 남자는 가면을 쓰기로 했다. 착한 가면으로 자기의 나쁜 모습을 감추고 아가씨를 찾아가기 시작했다. 아가씨도 어느새 착한 가면을 쓴 나쁜 남자를 사랑하게 되었다. 그러나 나쁜 남자는 아가씨와의 사랑이 깊어갈수록 여위어만 갔다. 아가씨는 자기가 나쁜 남자인 줄 모르기 때문이다. 더 이상 착한 아가씨를 속일 수 없다고 생각했다. 고민하던 남자는 아가씨에게 사실대로 고백하기로 결심했다.
"저는 당신이 알고 있는 것처럼 착한 사람이 아니에요. 착한 당신과 어울리는 사람이 되고 싶어 착한 가면을 쓰고 착한 남자인 척 했습니다. 미안합니다."

이렇게 말하고는 가면을 벗었다. 그런데 이것이 웬일인가? 가면이 벗겨지지 않았다. 그대로 자신의 얼굴이 되어 있었다.
아가씨는 말했다.

"당신은 이미 착한 남자입니다."

　자존감이 낮은 사람은 자신의 능력을 믿지 못한다. 다른 사람과 비교하여 열등감에 시달리고 자신의 열등함이 드러날까 두려워하고 불안해한다. 두렵고 불안한 마음은 불행한 인생을 자처한다. 인생의 행복은 자존감이 결정한다. 낮은 자존감 때문에 두렵고 불안한가? 그렇다면 오늘 높은 자존감 가면 하나 써보기를 추천한다. "당신은 이미 자존감 높은 사람이다."

21일 자존감 습관 트레이닝

자신을 칭찬해주는 말에 "네, 그렇게 생각해주셔서 감사합니다."
라고 대답하는 습관

상대방의 칭찬에 굳이 "아니에요."라고 대답하지 마라. 칭찬받을만하니 칭찬하는 것이다. 칭찬을 받아들이는 순간 나는 칭찬받을 만한 능력이 있는 사람이다. 칭찬을 칭찬으로 받아들인다는 것은 내 능력을 내가 신뢰한다는 말이다.

02

인생은 원래 별거 아니에요

가장 위대한 여행은 지구를 열 바퀴 도는 여행이 아니라
단 한 차례라도 자기 자신을 돌아보는 여행이다.
- 간디

북두칠성에 다녀온 친구 이야기

작가 최상희는 『어떤 날』에서 여행을 이렇게 말하고 있다.

"여행은 낯선 장소에 가서 다른 일상을 만나는 것이 아니라, 일상 속에서 잊고 있었던 자신을 새롭게 발견하는 것이다. 어떤 종류의 여행이라도 여행은 자신을 더 잘 이해하게 되는 과정이다. 여행 끝에서 우리는 일상에 함몰되어 잊고 있었던 자신의 모습을 발견하고 일상으로 돌아올 힘을 얻게 되는 것이다."

여기 북두칠성과 캄보디아에서 자신의 모습을 발견한 사람이 있어 소개한다. 밤하늘에 별은 내게 먼 곳의 이야기였다. 죽어서야 갈 수 있는 곳이라고 생각했다. 그런데 그런 별에 다녀온 사람이 있다.

미경이는 모든 일에 걱정이 많은 친구다. 본인도 본인이 걱정을 사서 하는 사람이라는 것을 잘 알고 있다. 그런 피곤한 성격을 고치고 싶은데 잘 안 된다는 것이다. 최근에는 친정어머니가 돌아가셔서 많이 힘들어했다. 어느 자식이고 부모님 돌아가시고 마음 아프지 않은 자식이 없다. 그렇지만 미경이는 그 정도가 심한 것 같았다.

그런데 그렇게 힘들어하던 미경이가 웬일인지 표정이 밝아보였다. 무슨 일이 있었냐고 물었더니 북두칠성에 다녀왔다고 했다. 안 해도 되는 걱정까지 미리 당겨서 걱정하고, 이미 지나간 일에 노심초사하는 자기 마음이 너무 힘들어서 죽을 것 같았다. 그래서 마음 공부하는 곳을 찾아갔다고 했다.

미경이의 말이다. 첫 수업시간이었다. 인도해주시는 분이 조용히 눈을 감고 북두칠성 위에 앉아 있다고 상상하라고 했다. '갑자기 북두칠성이라니?' 그것도 처음 보는 사람 앞에서 첫 시간에?

이해는 안 갔지만 얼떨결에 따라하게 되었다. 인도자의 말대로 눈을 감고 상상하다보니 어느새 몸은 북두칠성 위에 앉아 있었다. 또 시키는 대로 아래를 쳐다 보았다.

북두칠성에서 내려다 본 지구라는 세상은 개미 세상 같았다. 그 속에서 분주하게 왔다갔다하는 자기를 보았다.

'내가 사는 세상이 저거였구나. 저게 다였구나! 내가 저 안에서 그렇게 부대끼며 살았구나?'

사는 게 별거라고 생각했는데 별거 아닌 것이 되어 버린 순간이었다. 스스로 꼭 끌어안고 있던 모든 걱정들이 실체를 잃어갔다.

그렇게 얼떨결에 첫 시간, 북두칠성 여행을 마쳤다. 그 후 미경이는 더 이상 수업에 참여하지 않았다. 그런 수업 방법이 낯설고 어색해서 싫다고 했다. 그렇지만 북두칠성에 올라가 세상을 내려다 본 것만으로도 나머지 수업료가 하나도 아깝지 않다고 했다.

그 후로 가끔씩 또 걱정이 쌓여서 힘들어질 때 북두칠성에서 내려다보았던 세상을 생각한다고 했다. 그러면 마음을 짓누르던 고민도 어느새 별거 아닌 일이 된다는 것이다.

캄보디아에서 나를 만나다

나도 비슷한 경험을 한 적이 있다. 당시 나는 많이 힘들었고 지쳐 있었다. 가난했던 성장기를 지나고, 안정된 직장을 잡고 그 자리에 서기까지의 길은 쉽지 않았다. 간신히 발버둥쳐서 일군 당시의 내 삶은 소박했다.

그래서 더 소중했다. 그런데 그 삶이 무너질 위기에 처해 있었다.

도망치듯 친구들과 떠난 곳이 캄보디아였다. 현지 사람들의 지난한 삶의 모습에 내 지난 과거가 오버랩 되었다.

바라이 호숫가에서 만난 12살 소년은 엄마가 만들어준 팔찌를 관광객들에게 파는 일을 한다. 소년을 보디가드 삼아 함께 호숫가를 산책했다. 현지 학교와 한글학교를 다녀서 내 말을 곧잘 알아들었다. 생계를 위해 팔찌를 팔러 나오느라 학교는 둘째다. 크면 한국에 오라고 했더니 돈이 많이 들어서 못 간다고 한다.

평양냉면관에서 만난 북한의 김태희는 남한의 김태희처럼 예뻐서 붙여진 이름이다. 종업원은 대부분 북한의 고위급 장성들의 딸들로 대학생이 많다고 한다. 평양냉면관의 김태희가 남한 청년과 사랑에 빠져 잠적해버린 일이 있었다. 그 후부터는 개인행동이 금지되었고 수시로 종업원을 교체한다고 한다. 개인의 자유가 보장되지 않는 북한 청년들의 삶과 사랑은 어떤 것일지 생각해보게 된다.

현지에서 만난 가이드는 30대 초반이다. 벌써 네 아이의 아버지다. 일본어와 영어가 가능하며 한국어를 배우는 중이라고 했다. 인상 좋은 중산층의 성실한 가장이다. 우리나라 아버지들과 다르지 않다. 우리나라 기준으로 보면 아직 어린 나이다. 가족을 위해 최선을 다하는 그의 모습이 아름다웠다.

로사나 브로드웨이 쇼에서 만난 트랜스젠더들의 특별한 삶도 있었다. 타고난 성별을 바꾸어야만 살 수 있는 사람들의 인생은 또 어떤 것일까? 어느 삶이건 살아보지 않고 겪어보지 않은 남의 인생에 대해 이러쿵저러 쿵 말할 수는 없다. 어느 분야건 소수자로 살아가는 일은 쉽지 않다. 맞다 틀리다가 아닌 다양성의 측면에서 바라봐야 할 일이다.

우리나라의 세종대왕과 비교되는 자야바르만 7세가 어머니를 위해 건립한 사원이 타프롬 사원이다. 타프롬 사원 안에는 자야바르만 7세가 어머니를 생각하며 통곡했다는 통곡의 방이 있다. 어머니를 그리워하며 통곡하는 자야바르만 7세를 떠올리니 사람 사는 게 별반 다르지 않다는 생각이 들었다. 바이욘 사원에 있는 문둥왕상이 자야바르만 7세로 여겨진다고 한다.

일국의 왕이었지만 그도 일반 사람과 똑같은 인간적 고통 속에 살았던 것이다. 나 또한 엄마에게 미처 드리지 못한 말씀을 가슴속에 안고 살고 있다. 세월이 흘러 엄마 나이가 되고 보니, 엄마의 인생을 더 깊이 이해하게 된다. 평생을 큰소리 한 번 못치고 고생만 하고 사시다가 돌아가신 엄마가 생각났다. 쉽게 발걸음이 떨어지지 않았다.

톤레삽 호숫가에는 깜뽕블럭 이라는 수상가옥 마을이 있다. 깜뽕블럭에 사는 사람들은 자신들을 보호해줄 국가가 없는 사람들이다. 베트남

전쟁 때 전쟁을 피해 캄보디아로 피난 온 사람들이다. 전쟁이 끝나고 고국 베트남으로 돌아가려 했다.

그렇지만 전쟁 통에 조국을 버린 사람들을 베트남에서는 받아주지 않았다. 베트남인도 아니고 캄보디아인도 아닌 채로 톤레삽 호숫가에 수상가옥을 짓고 사는 난민들이다. 국적도 호적도 없는 사람들. 그러나 행복지수는 세계 1, 2위를 다툰다고 한다. 행복의 기준이 무엇인지 다시 생각해보게 된다. 배 위에서 만난 꼬마의 웃는 모습이 예뻤다. 그 꼬마들의 앞날이 부디 행복하기를 기도했다.

캄보디아에서 만난 사람들의 하루하루 생활은 내게는 생존을 위한 몸부림처럼 느껴졌다. 그러나 단순히 생존만의 문제는 아니었다. 하루하루 먹고 살아야하는 현실 속에서도 삶은 지속된다. 캄보디아에서 만난 사람들은 그런 삶을 살고 있었다. 가난을 바탕으로 깔고 있으면서도 그 속으로 침잠하지 않았다. 각자의 처지에서 묵묵히 주어진 삶을 살아간다.

무너질 위기에 처했던 내 삶을 그 곳에서 꺼내 보았다. 그냥 평범한 일상일 뿐이었다. 누구나 겪을 수 있고, 살아가면서 언제라도 마주칠 수 있는 일이었다. 나는 먼 캄보디아에서야 그 사실을 깨달았다.

'왜 내게만 이런 일이 생기는 거지?'

'왜 나만 이런 고통을 겪어야 하는 거지?'

억울함과 분노가 캄보디아에서는 통하지 않았다. 다들 아무소리 않고 견디며 살아가는데 나만 혼자 힘들다고 징징거리는 꼴이었다.

그들은 오히려 내게 묻는다. '왜 네겐 그런 일이 생기면 안 되는 거지?', '왜 네겐 그런 고통이 오면 안 되는 건데?' 나는 질문에 답을 찾을 수가 없었다. 슬프게도 내 인생은 그렇게 특별한 인생이 아니었다. 미경이가 북두칠성에서 본 세상에서 발견한 것도 어쩌면 특별할 것 없는 자신의 모습이었을 거라는 생각을 해본다.

내 인생이 특별할 것 없는 인생이라는 사실을 인정할 수밖에 없었다. 인정하고 받아들이니 오히려 마음에 힘이 빠지면서 홀가분해졌다. 가벼워지니 일어설 힘이 생겼다. 그렇게 일상으로 돌아와 오늘을 살고 있다.

21일 자존감 습관 트레이닝

내 삶이 지치고 힘들게 느껴질 때는 훌훌 털고 멀리 여행 떠나기

성 아우구스티누스는 '여행하지 않은 사람은 세상이라는 책을 한 페이지만 읽은 셈'이라고 했다. 내가 사는 지금 이 자리에서의 생활은 책 한 페이지의 경험에 불과하다는 말이다. 세상의 다양한 사람들의 삶 속에 내 인생을 던져보라. 내 인생도 그들의 삶과 별반 다르지 않다는 것을 아는 순간 내 삶의 무게가 가벼워짐을 느낄 수 있다.

03
자존감을 만나는 순간이 행복 시작이다

자신을 사랑하는 것은 평생에 걸친 연애의 시작이다.
- 오스카 와일드

나를 있는 그대로 꺼내놓기

자존감은 '자신을 어떻게 평가하는가?' 하는 문제이다. 자신에게 스스로 점수를 주는 것이다. 사회적인 여건이나 환경에 의해서든 성장 과정에 의해서든 자기 자신을 있는 그대로 온전히 드러낼 수 있는 사람은 많지 않다. 자기 자신 그대로의 모습을 얼마나 드러낼 수 있느냐에 따라 자존감의 높고 낮음은 결정된다.

자존감이 낮은 사람은 자신의 모습이 늘 부족하게만 느껴진다. 그래서 부족한 자신을 채우기 위해 늘 분주하게 산다. 나 또한 그렇게 살았다.

그것이 잘 사는 것인 줄 알았다. 나를 늘 돌아보고 반성하고 채찍질하듯 살았다. 다른 사람의 칭찬도 온전하게 받아들이지 않았다. 진짜 내 모습은 그런 칭찬을 받을 만큼 괜찮지 않다고 생각했기 때문이다.

그러다 중년의 나이가 되었다. 그동안 쉬지 않고 열심히 살아왔는데도 나는 과거 그 자리에 있었다. 아직도 부족한 그대로의 모습으로 마음은 더 지쳐 있었고 행복하지 않았다. 왜 그럴까? 왜 제자리인 것일까? 나는 한다고 했는데…. 그것이 자존감의 문제인 줄도 모르고 살았다.

나는 내가 허덕이며 살아온 이유가 부족한 내 모습을 감추기 위함이라는 사실을 인지한 후부터는 나 자신에게 솔직하고 싶었다. 그래서 마음속에만 숨겨 두었던 과거의 상처를 받아줄 만한 사람들에게 드러내기 시작했다. 그랬더니 그 오래된 상처는 따뜻한 햇볕에 잘 말려져 건드려도 더 이상은 안 아픈 작은 흉터가 되는 경험을 했다. 내 상처를 꺼내니 다른 사람의 상처도 보이기 시작했다. 내 상처만 큰 줄 알았는데 나만 그런 게 아니었다. 저마다 크고 작은 상처들을 가슴에 안고 살고 있었다.

다른 사람들보다 나 먼저 생각하기로 했다. 다른 사람의 의견에 무조건 오케이하지 말고 작은 것이라도 내 의견을 제시하기, 정말 싫으면 싫다고 표현하기, 내가 말하고 있는데 무례하게 끼어드는 사람에게는 '내 말 끝날 때까지 기다려 달라.'라고 정중하게 말하기 등의 실천이다. 전에는 표현하지 않았던 내 마음을 그대로 표현했을 뿐인데, 내가 바로 서는 기분이 들며 마음은 충만했다.

나를 그대로 꺼내놓으니 마음이 가벼워졌다. 남들도 다 비슷하게 고민하면서 산다는 것을 알게 되었다. 더 이상 남과 비교할 것도 없고, 남의 눈치 볼 것도 없었다. 내가 주인이 되는 삶을 살게 되니 행동에 주저할 것도 없었다. 삶이 한결 편안해졌다.

자존감은 부족한 내 자신을 포장하지 않고 있는 그대로 드러내는 것으로부터 향상되기 시작한다. 높은 자존감을 갖기 원한다면 자신을 다른 사람과 비교하지 않고 있는 그대로 드러내려는 용기와 행동이 필요하다. 그런 용기와 행동을 주변 사람들이 어떻게 받아들이고 지지해주느냐도 중요하다.

어떻게 하면 자존감을 회복할 수 있을까? 자존감 문제를 다루고 있는 책에서는 자존감 높이는 방법에 대한 많은 이야기들이 담겨 있다. 그러나 그 모든 결론은 자기 자신을 있는 그대로 인정하고 사랑해주는 데 있다. 문제는 부족한 나를 그대로 받아들이기가 쉽지 않다는 것이다. 그러나 부족하면 부족한 대로 나를 감추지 않고 살아갈 때 자존감은 높아지고 나는 더 행복해질 수 있다.

남과 자신을 비교하지 않는 사람은 행복하다. 다른 사람과 비교하는 순간 불행해지기 시작이다. 나보다 돈이 많은 사람, 학력이 좋은 사람, 외모가 훌륭한 사람들은 얼마든지 많다. 자존감이 낮은 사람은 다른 사람과 비교하여 스스로 불행을 자초하지만 자존감이 높은 사람은 자신 안에서 만족한다.

같은 상황이어도 긍정적인 생각을 하는 사람은 행복하다. 자존감이 높은 사람은 자신의 실수가 있었다 하더라도 실수한 자신을 비난하지 않는다. '내가 그랬구나. 다음부터는 그러지 말아야지.' 하고 쿨 하게 인정하고 넘어간다. 상황을 긍정적으로 바라본다. 그러나 자존감이 낮은 사람은 실수한 자신을 쉽게 용서하지 못하고 자기를 비난한다. 자기를 다치게 할 수 있는 것은 오직 자기뿐이라고 했다. 자존감이 높은 사람은 자신을 거세게 비난하지 않는다. 자신에게 관대하다.

자존감이 높은 사람은 현재를 살아간다. 과거의 상처나 좋지 않았던 경험에 오래 머무르지 않는다. 불투명한 미래를 앞당겨서 걱정하지 않는다. 지금의 현재를 즐기며 사는 사람이다. 과거에 대한 고민, 집착이 없고 미래에 대한 불안이 없으니 현재에 충실하고 현재를 즐기는 사람은 행복한 사람이다.

자존감이 낮은 사람은 상대의 말을 그대로 받아들이지 못하고 왜 나에게 그런 말을 했는지 따져보느라 힘들다. 그러나 자존감이 높은 사람은 자신에게 그렇듯이 타인에게도 여유롭고 관대하다. 상대방이 한 말의 의미를 부여잡고 고민하지 않는다. 그대로 믿는 사람이다. 타인에게 관대하니 인간관계도 좋게 된다. 설사 불편한 관계가 되더라도 크게 자책하거나 하지 않는다.

지옥에서 천국으로 온 화순 씨

자신을 드러내어 행복을 찾은 사람의 이야기다. 화순 씨는 지옥에 있다가 천국에 왔다고 말하는 50대 여성이다. 10여 년 전 '더 이상 화순 씨와 살기 싫다.'라고 이혼을 요구하는 남편과 헤어지고 아이 둘과 함께 살게 되었다.

남편에게 사랑받지 못하는 여자라는 사실은 화순 씨에게는 받아들이기 어려운 숙제였다. 우울증에 시달렸고 집 밖으로 나오지 않았다. 보다 못한 이웃 언니가 종교생활이라도 해보라고 성당에 인도했다. 그러나 화순 씨에게는 신앙생활도 아무것도 귀에 들어오지 않았다. 자기를 버림받은 사람이라고 생각했고, 사랑받지 못하는 사람이라는 자괴감에 아무도 만나고 싶어하지 않았다. 자신이 이혼했다는 사실을 다른 사람이 아는 것이 싫어서 집도 멀리 이사를 했다.

오랫동안 우울증에 시달려야 했고 암까지 발생하여 힘든 투병 생활을 해야 했다. 우울증과 암을 치료하는 동안 약물의 부작용으로 날씬했던 몸은 100kg의 거구가 되었다. 거울을 통해 본 자신의 모습은 괴물이 따로 없었다. 자기의 모습을 보며 폭풍 같은 눈물과 함께 '나도 사랑받고 싶다.'는 간절한 바람이 들었다. 그렇지만 '이런 모습이 되어버린 나를 누가 사랑해줄 사람이 있을까?' 하고 실의에 빠졌다.

그 순간 생각난 것은 성당이었다. '괴물 같은 나를 성당에서는 받아줄까?' 하는 반신반의하는 마음으로 자기를 성당으로 이끌었던 언니를 찾아갔다. 화순 씨는 성당에서 한 신자를 소개받았다. 그 신자와 몇 차례의 만남을 이어가며 자신의 이야기를 꺼내놓기 시작했다. 그렇게 만남이 거듭 되었을 때 화순 씨의 표정은 변화하기 시작했다. 애기 같은 미소가 가득한 채 대화 내내 웃음이 떠나지 않았다. 화순 씨는 자신이 사랑받지 못한다는 사실, 버림받았다는 사실에 자존감은 급격히 낮아졌다. 이제는 자신의 모습을 그대로 사랑해주는 사람들을 만나며 다시 행복해질 수 있었다.

종교 이야기를 하고자 하는 것이 아니다. 화순 씨가 자신을 드러내고 자신의 모습 그대로 사랑받고 있음을 느꼈을 때 얼마나 행복해했는지를 말하고 싶은 것이다. 화순 씨는 사랑받지 못하는 자신의 모습을 감추기 위해 바깥출입을 하지 않았고 이사도 가야했다. 사랑받지 못한 자기를 자기 스스로도 사랑해주지도, 인정해주지도 못했다. 그러나 거울 속에 비친 자신의 모습을 보고 '나도 사랑받고 싶다.'라는 마음과 함께 용기를 내어 성당을 찾은 순간이 화순 씨에게는 자신을 있는 그대로 드러내기 시작한 순간이다. 이 모습 그대로를 드러낼 용기가 있었으니 사랑받을 기회가 주어졌고 사랑받는 행복을 누릴 수 있었던 것이다. 신의 사랑이든 인간의 사랑이든 말이다.

자신을 있는 그대로 인정하고 살아가는 사람은 남과 비교하지 않고 자신 안에서 만족하는 사람이다. 자신을 몰아 부치지 않고 심하게 비난하지 않는다. 어려운 상황이 와도 긍정적으로 생각하며 오래 속을 끓이지 않는다. 자신에게 관대하듯 다른 사람에게도 여유롭고 배려심 있게 대한다. 나를 더 이상 포장하지 않고 솔직하게 드러낼 때 내 인생의 주인이된다. 내 인생의 주인이 되어 살아갈 때 진정한 행복은 시작된다. 자존감을 만나는 순간이 행복 시작이다.

21일 자존감 습관 트레이닝

내가 움츠러들 때는 '지금 움츠러드는 진짜 이유 세 가지를 말할 것'을 나 자신에게 요구하라

움츠러들고 바보같이 느껴지는 것은 다른 사람과의 비교에서 오는 감정이다. 움츠러드는 이유에 대하여 제 3자의 입장에서 나에게 차근차근 설명하고 조언하라. '나'라고 생각하면 한없이 움츠러들지만 '타인'이라고 생각하면 무한한 위로가 가능하게 된다.

04
있는 그대로 인정하면 행복해진다

행복이란 있는 그대로의 모습으로 사랑받는 것이다.
– 프랑수아 를로르, 『꾸뻬 씨의 행복여행』 중에서

술 잘 마시는 척하는 연기

공식적인 자리에서 술을 마셔본 경험은 대학교 신입생 신고식 때가 처음이었다. 나는 1학년 A반 1번이었다. A반 1번에게만 내려오는 신고식 전통이 있었다. 바로 위 2학년 A반 1번이 따라주는 술을 단숨에 마시고 '한오백년'이라는 노래를 부른 다음 선배에게 큰 절을 하는 것이었다.

2학년 선배들보다 나이도 많은 내가 절까지 해야 한다고 생각하니 썩 내키지 않았다. 그렇지만 나이 많다고 '못 하겠다'고 하기는 더 싫었다.

문제는 술이었다. 커다란 냉면 사발에 가득 찬 막걸리를 쉬지 않고 단숨에 마실 수 있을지 걱정이 되었다.

시선이 집중된 가운데 내가 첫 스타트로 신고식을 시작했다. 사발의 3분의 2정도 마시니 배가 불러왔다. 그래도 꾹 참고 단숨에 다 마셨다. 술은 목구멍까지 차올랐다. 이번에는 '한오백년' 노래를 부를 차례였다. 하고많은 노래 중에 왜 '한오백년'이었을까. '한 많은~' 하고 노래를 부른 순간 내 입에서 방금 마신 막걸리가 식탁 위로 폭포수처럼 쏟아졌다. 절 받을 준비를 하고 있는 선배들은 기겁을 했다. 신고식판은 난장판이 되고 말았다.

그 자리에 있는 선배들에게는 미안했지만 후배들에게는 고마운 존재가 되었다. 그 이후부터 냉면 사발 막걸리 신고식은 더이상 하지 않았다. 나이 어린 선배들 앞에서 술도 별거 아니라는 듯 다 마시고 쿨하게 절도 해주고 싶었다. '한오백년' 노래도 어떻게든 큰 소리로 불러주고 싶었다. 그런데 술에서 완전히 스타일 구긴 것 같아 기분이 별로였다. 이것이 나의 술에 대한 첫 기억이다.

남자 친구는 술은 많이 마시는 사람은 아니었지만 술을 즐기는 편이었다. 나는 생맥주 500cc를 시켜놓고 건배를 할 때마다 조금씩 마셨다. 마시고는 화장실 가서 토하고 다시 와서 마시고 하면서 1,000cc 정도는 마셨다. 어떤 사람은 맥주 1,000cc 가지고 화장실을 가냐고 할지 모르겠지만 나는 맥주 100cc만 마셔도 가슴이 두방망이질 치는 사람이다. 맥주 1,000cc는 내겐 거의 치사량에 가까운 양이다. 화장실 다녀올 때 남자 친구 앞에서 내 걸음걸이가 흐트러질까 봐 얼마나 정신 똑바로 차리려고 애썼는지는 나만 아는 사실이다. 남자 친구에게도 술 못 마신다고 말하기가 싫었다.

지금 남편은 나에게 '속아서 결혼했다.'라고 투덜거린다. 연애할 때 술을 한두 잔 하길래 '술은 좀 마시는 구나.' 했는데 결혼하니 '한잔도 안 마시더라.'는 것이다. 남편은 저녁에 식사 후 같이 술 한잔 하는 것을 좋아한다. 분위기 맞추느라 가끔은 같이 마시기도 하지만 역시 조금 마시는 척 하다가 결국은 남편에게 잔이 돌아간다.

남편은 '연애할 때처럼 억지로라도 마셔줘야 하는 것 아니냐.'고 불만을 토로한다. 하지만 나는 나대로 할 말은 있다. 다른 사람들과의 술자리에서도 피하느라 힘들고 마시느라 힘든데 못 마시는 내 사정 다 아는 남편에게까지 그렇게 해야 하나 하는 마음이 든다. 그래도 남편에게 미안하긴 하다. 적당히 분위기도 맞춰주고 하면 좋을 텐데 난 도대체 술이 적응이 안 된다.

내가 더 술을 피하기 시작한 이유는 술만 마시면 빨개지는 얼굴 때문이다. 성당에서 마지막 기도 모임을 끝내고 치킨집에 갔을 때다. 치킨집이 바로 집 앞이기도 했고, 좋은 분들과 함께하는 마지막 모임이라는 의미도 있었다. 더구나 연배 있으신 분들이 따라주셔서 사양하지 않고 마셨다. 마시라고 강요하지 않으셨다. 그런데도 이 정도쯤은 마실 수 있다는 듯 마셨다.

돌아오는 길에 애들에게 줄 아이스크림을 사러 아파트 슈퍼마켓에 들렀다. 슈퍼마켓에는 작업복 차림의 남자 손님들이 많이 있었다. 계산하는 과정에서 내가 뭔가 질문을 했었다. 슈퍼 사장님은 평소에는 늘 웃으시고 친절한 분이시다. 그런데 그때는 웃지도 않고 대답도 왠지 퉁명스러웠다. 슈퍼마켓 안의 남자 손님들의 시선도 왠지 불편해서 서둘러 집으로 돌아왔다.

기다리던 애들에게 아이스크림을 건네주고 씻으려고 거울을 보았다. '오 마이 갓!' 사람 얼굴이 이렇게 빨개도 되는 것인가? 얼굴이 화끈거리긴 했지만 이 정도일 줄은 몰랐다. 온통 불덩이다. '이래서 슈퍼 사장님이랑 손님들 분위기가 심상치 않았었나?' 싶은 생각이 들었다. 밤늦은 시간에 여자가 술 마시고 얼굴은 온통 빨개서 아이스크림 하나 사는데 취해서 횡설수설했다고 생각한 것인가? 그럴 수도 있지. 그렇다고 그렇게 사람을 빤히 쳐다보다니 기분이 상했다. 그렇지만 그 뒤부터는 얼굴 빨개지는 것까지 신경 쓰이기 시작했다. 술은 내게 더 곤욕스러운 것이 되었다.

친정 식구들은 모두 나처럼 술을 못 마시고 안 마신다. 고모님은 그런 우리 형제에게 '왜 술도 한잔 못 마시냐.'며 술을 못 마시는 우리를 답답해하셨다. 그럼 그 소리가 듣기 싫어서 내키지는 않지만 얼른 가서 '제가 마실 게요.' 하고 잔을 받는다. 그러면 고모님은 '그렇지. 그래도 네가 마실 줄 아는구나!'라고 하시며 인정해주는 듯한 말씀을 하셨다.

마치 술을 못 마시면 분위기도 못 맞추는 사람이 되고, 왠지 대화가 안 통하는 사람이라고 생각하는 것 같다. 술을 못 마신다고 부끄럽거나 당당하지 못한 일이 전혀 아니다. 술을 못 마셔도 분위기는 얼마든지 맞출 수 있다. 진짜 대화는 오히려 맨정신에 해야 하는 것 아닌가? 술의 힘을 빌어서 이야기하는 것은 용기 없는 일이고, 술에 취해서 하는 대화는 대화가 아니라 술주정이다. 더구나 나처럼 얼굴 빨개지는 사람은 몸에서 알코올을 분해하는 효소가 없는 사람이다. 적은 양의 술이어도 간에 미치는 영향은 더 크다.

척하는 행동은 다른 사람은 속일 수 있어도 나까지 속이지는 못한다

생각은 이렇게 하면서도 나는 남들에게 '분위기도 못 맞추는 사람', '대화가 안 통하는 사람'이라는 이미지로 남는 것이 싫었다. 그래서 남편이나 친정 식구들 말고는 '술을 못 마신다.'라는 말을 하지 않았다. 되도록이면 술자리를 피했다. 가게 되더라도 어떻게 하면 술 마실 기회를 피할 수 있을까를 늘 고민했다.

술을 못 마시고 술이 냄새조차 싫은데도 나는 왜 '못 마신다.'라고 말을 하지 못하고 오랫동안 불편을 감수하며 살았을까? 가장 큰 이유는 바로 남들에게 비쳐질 내 모습 때문이었다. 술을 못 마시는 것이 내게는 큰 약점 같이 느껴졌다. 분위기도 못 맞추고, 말도 잘 안 통하는 나로 보여 지는 것이 싫었다. 신입생 신고식 때의 나이 어린 선배들 앞에서도 그렇고, 남자 친구 앞에서도 좀 더 근사한 모습으로 보이고 싶었다. 나와 별로 친하지 않은 사람들 앞에서도 사회생활 좀 할 줄 아는 괜찮은 사람으로 인정받고 싶었던 것이다.

못 마시는데도 마시는 척, 술자리를 피하고자 했던 행동들은 다른 사람들을 속일 수 있었을지 모르겠지만 나 자신까지 속이지는 못했다. '나를 어떻게 생각할까?' 하는 남의 시선이 두려워 나 자신을 솔직하게 표현하지 못하고 감추려고 급급한 나에게 스스로 좋은 점수를 주기는 어려웠다.

사람들은 내가 생각하는 것처럼 나에게 크게 관심을 두지 않는다. 내가 술을 잘 마시는 사람인지, 못 마시는 사람인지 큰 관심사가 아니다. 못 마신다는 것을 알아도 '술 잘 못하는구나!'라고 그냥 넘어갈 뿐이다. 다른 사람이 나에게 '나 술 잘 못 마셔.'라고 말했을 때 내가 어떻게 반응할지 생각해보면 바로 알 수 있는 일이다.

오히려 내가 술자리에서 당당하게 '나는 술을 안 마시겠다. 술 냄새를 좋아하지 않고, 몸에 알코올 분해효소가 없기 때문에 나에게는 한 잔의 술도 다른 사람의 폭음과 같다.'라고 솔직하게 터놓고 얘기했으면 어땠을까? 다른 사람들도 더 이상 술을 권하지 않았을 것이고 나 또한 술을 억지로 마시지 않아도 되었을 것이다. 오히려 알코올 분해효소에 대한 얘기로 대화를 자연스럽게 이끌어 갔을 수도 있다. 그 편이 상대편과의 관계를 더 가깝게 하는 계기가 되었을지도 모른다. 무엇보다도 나 자신에게 당당할 수 있어서 자존감은 더욱 향상되었을 것이다.

내가 술을 못 마신다고 터놓고 얘기한 후부터는 어느 자리에 가든지 마음이 편했다. 술에 대한 염려가 없으니 마음이 홀가분해졌다. 주저했던 2차 모임도 자연스럽게 갔다. 마신 것은 사이다인데 분위기는 술을 마신 것과 다르지 않았다. 내 마음이 편해지니 사람들과의 관계도 훨씬 자연스러워졌다. 무엇보다 나 자신에게 떳떳하니 스스로에게 후한 점수를 주게 된다.

자신의 모습을 있는 그대로 인정해주자. 못하면 못하는 대로 잘하면 잘하는 대로 인정해주고 받아들이는 순간부터 인생의 행복은 시작된다. 다른 사람들은 내가 생각하는 것처럼 나에게 관심을 기울이지 않는다. 상대방이 나를 어떻게 생각할까 고민하는 순간 나의 자존감은 하향곡선을 탄다. 상대에게 보이는 내 모습보다 내 자신이 느끼는 내 모습이 진짜 내 모습이다. 타인에게 잘 보이기 위해 자신에게 솔직하지 못한 사람은 스스로를 신뢰하지 못하게 된다. 스스로 신뢰하지 못하는 사람이 어떻게 자신을 있는 그대로 존중할 수 있겠는가? 내가 보는 내 모습이 솔직하고 당당해야 스스로를 존중할 수 있게 된다. 그럴 때 자존감은 나도 모르는 사이 쑥쑥 커지게 된다.

21일 자존감 습관 트레이닝

**부족하면 부족한 대로 내 모습 있는 그대로를
드러낼 수 있는 용기**

자존감은 있는 그대로의 나를 인정하고 받아들이는 것에서부터 출발한다. '남이 나를 어떻게 생각할까?' 고민하기보다는 '내가 나를 어떻게 생각할까?'가 먼저이다.

05
생각을 바꾸니 인생이 달라졌다

우리는 우리가 생각하는 대로의 존재일 뿐이다.
우리의 모든 것은 우리의 생각과 함께 떠오른다.
우리의 생각에 따라 세계가 만들어지는 것이다.
– 석가모니

모두 마음먹기에 달렸어요

오리슨 스웨트 마든의 『행복하다고 외쳐라』에 수록된 어느 할머니의 이야기다. 할머니의 남편은 남북전쟁에 참전했다가 사망하였다. 할머니가 사진을 찍기 위해 사진관에 갔다. 카메라 앞에 할머니의 표정은 엄격하고, 냉혹하며, 가까이하기 어려운 굳은 표정이었다. 그때 사진사가 할머니에게 말했다.

"눈을 조금 더 밝게 해보세요. 기분 좋은 표정 좀 지어보세요."

"우울한 노인네가 금세 밝은 표정을 지을 수 있고, 기분이 언짢은 사람이 금세 유쾌하게 될 수 있을 것 같소? 사람이 밝아지려면 외부에서 무슨 좋은 일이 있어야 하지 않겠소?"

"허허, 아닙니다. 할머니. 그것은 마음속에 달려 있어요. 다시 한 번 시도해보세요."

사진사는 친절하게 말했다. 사진사의 목소리와 분위기에 믿음을 얻은 할머니는 다시 노력했고, 이번에는 훨씬 더 자연스럽게 웃을 수 있었다.

"좋습니다! 바로 그겁니다. 20년은 더 젊어 보이세요."

남편이 죽은 후 처음 듣는 칭찬이었고, 기분 좋은 기억이었다. 사진 속의 할머니는 젊었을때의 활기가 살아 있었다. 오랫동안 사진을 들여다보던 할머니는 분명하고 단호한 목소리로 말했다.

"한 번 이런 표정을 지었으니 다시 할 수 있을 거야."
"미소지어 봐, 캐서린, 더 유쾌하게."

할머니는 스스로에게 명령했다. 그러자 조용하고 환한 미소가 얼굴에 가득 퍼졌다. 이웃들은 곧 할머니에게 나타난 변화를 알아차렸다.

"할머니, 어떻게 그렇게 젊어지셨어요? 비결이 뭐죠?"

"모두 마음먹기에 달렸어요. 그저 밝고 유쾌한 생각을 하면 된답니다."

마음 한번 달리 먹은 할머니는 인생이 달라졌다. 엄격하고, 냉혹하며, 우울했던 할머니가 환한 미소에 젊음까지 선물로 받았다. 외부에서 좋은 일이 없어도 할머니는 밝고 유쾌한 생각을 하는 것만으로도 인생이 젊고 행복해졌다. 행복은 외부에서 찾을 수 없다. 인생의 행복은 마음먹기에 달려있다.

나의 10대에서 20대에 걸친 기억은 대부분 회색빛이다. 고1 때의 옆 학교 교장 선생님의 편지사건으로 자존감은 낮아 질대로 낮아졌고. 고등학교 3학년 때는 밥값이 부족해서 아침 점심 두 끼만 먹기로 하고 매식을 시작했다. 왜 점심은 안 먹느냐는 친구 말에 다이어트 한다고 둘러댔다. 속사정을 모르는 친구는 자기도 다이어트 하겠다고 했다.

고등학교 졸업하고는 회사에 취직했다. 나처럼 고등학교를 막 졸업한 친구들 120명이 내 동기들이다. 그 회사를 다니며 쉽게 해보지 못할 경험들을 많이 했다. 그곳에서 만난 사람들의 개인적인 사연들은 마치 내가 겪은 일처럼 깊은 인상으로 남아있다. 안타까운 사연도 많았고 자존심 상하는 일도 많았고, 즐거운 일도 많았다.

그동안 모은 돈 170만 원을 손에 쥐고 부천의 입시학원에 등록했다. 낮에는 독서실에서 공부하고, 저녁엔 학원을 다니며 공부했다. 학원 동기들과 함께 서울의 한 중학교로 대입시험을 보러 갔다. 시험을 마치고 교문 쪽으로 걸어 나왔을 때 나는 모세의 기적이라도 일어난 줄 알았다. 정문까지 이어지는 길 양쪽엔 수험생을 응원하는 학생들과 학부모들로 가득 찼다. 수험생들이 그 가운데를 지나갈 때마다 박수를 쳐주었다. '나는 혼자인데! 내가 시험 보는 줄 아무도 모르는데!' 그 길은 참 길었다. 그리고 돌아오는 만원 지하철에서는 내 엉덩이를 더듬는 더러운 손길까지! 그 날은 참 많은 일이 일어난 하루였다.

영문학과에 가고 싶었지만 여러 가지로 힘든 일이다. 고향의 간호대학에 입학했다. 졸업 후 서울의 한 대학병원을 거쳐 전라남도 섬의 교사가 되었고 지금의 내가 되었다.

덮어버리고 싶었던 과거가 소중한 재산이 되다

학교에 발령받아 오니 나처럼 구불구불 돌아온 사람은 별로 없었다. 나보다 나이 많으신 분들도 초중고대학까지 평탄한 삶을 사신 분들이 대부분이었다. '나는 뭐지?' 하는 생각이 또 고개를 들었다. 또래에 비해 늦은 출발도, 3년 동안 돌아온 시간들도 모두 덮어버리고 싶은 과거였다. 그러나 이런 생각은 오래가지 않았다.

학교에서는 여러 형편에 처한 아이들을 만나게 된다. 더구나 보건실은 주로 아픈 아이들이 많이 오는 곳이다. 몸도 아프지만 마음도 아픈 아이들이다. 학생들의 아픈 마음이 잘 보였다. 그 친구들의 마음이 잘 이해되고 더 관심이 갔다. 내가 큰 시련을 당해서는 물론 아니다. 어른이 되고 보니 나의 청년 시절 정도의 어려움은 어려움이라고 명함도 못 내미는 정도의 상처들이라는 것을 알게 되었다.

다만 내가 덮어버리고 싶었던 과거의 사실들이 이젠 무엇보다 소중한 나의 재산이 되어 있었다. 학생들을 더 잘 이해하고 상담에 도움이 되는 풍부한 경험의 소유자가 되어 있었다. 또 과거의 상처들로 낮아진 자존감을 가진 사람들을 돕고 싶다는 꿈도 가지게 되었다.

'젊었을 적 고생은 사서도 한다.'는 속담이 있다. 이 속담을 들을 때 친구들과 그랬었다. '미쳤군, 피해갈 수 있으면 피해가야지 왜 사서까지 고생을 해. 바보 아니야?' 이제야 이 속담의 숨은 뜻을 알 것 같다. 나는 나의 청년 시절 모든 일들에 감사하다. 돈 주고도 못 할 소중한 경험들이다. 특히 고교 졸업 후의 회사생활은 내 자존심에 상처를 주기도 했지만 경험의 폭을 넓혔다는 의미에서는 무엇과도 바꿀 수 없는 내 재산이었다. 그 경험이 없었다면 내 인생은 단조롭게 느껴졌을 것이다.

6개월 근무한 섬 초등학교에서도 많은 추억이 있다. 그 추억 또한 나만이 간직한 내 것이다. 생각을 바꾸니 과거도 소중한 추억이 된다.

최근 생각을 바꿔서 행복한 사례가 또 하나 있다. 보건실에서 음악 틀기다. 나는 클래식 음악은 잘 모르지만 듣기는 좋아한다. 집안일을 할 때도 음악을 틀어놓고 한다. 마음을 편안하게 해주고 다른 일을 할 때 방해가 되지 않아서 좋다. 보건실에서도 음악을 틀어놓고 싶은데 그렇게 하지 못했다. 혼자 있을 때 음악까지 흘러나오면 남들이 한가하다고 생각할까 봐 걱정되었다.

잔잔한 클래식 음악을 틀어놓으면 보건실을 방문하는 아이들도 좋아한다. 문을 열었을 때 잔잔하게 흐르는 음악을 듣는 아이들의 표정은 '와~' 하는 웃는 표정이었지 화내면서 들어오는 표정은 별로 없었다. 찌푸리며 들어오던 아이들의 표정도 환해지는 것을 여러 번 느꼈다. 침대에 누워 있는 아이들에게도 음악은 치유의 효과를 가져 온다고 믿는 나다.

남이 나를 어떻게 생각할까 염려하느라 이렇게 장점이 많은 음악 하나도 마음대로 틀어놓지 못했다. 이제는 생각을 바꿨다. '음악을 틀었을 때의 장점이 이렇게나 많은데 남이 나를 어떻게 볼까 하는 그 하나 때문에 음악을 포기하지 않겠다.'라고. 이렇게 마음먹으니 음악을 트는 일은 아무 일도 아닌 일이 되었고 그 작은 일에 나는 행복해졌다.

생각을 바꾸면 인생이 달라진다. 인생이 행복해진다. 할머니는 웃어보기로 생각을 바꿨을 뿐인데 20년 젊어진, 미소 가득한 할머니로 바뀌었다. 불행했던 할머니의 삶에 행복이 찾아온 것이다. 젊어서의 고생을 더 이상 고생이라고 생각하지 않고 무엇과도 바꿀 수 없는 나만의 소중한 경험이라고 생각하니 내 청년 시절은 회색빛에서 파란색이 되었다. 어떤 외부에서 오는 것이 10여 년의 걸친 지지한 인생을 단숨에 꿈꾸는 파란색 인생으로 바꿀 수 있을까? 내 인생을 바꾸는 것은 바로 나의 생각이다.

21일 자존감 습관 트레이닝

하루 세 번, 큰 소리로 인사하는 연습

어디가든 큰 목소리로 인사부터 시작하라. 큰소리로 인사하는 것은 나의 존재를 알리는 것이다. 자존감은 나를 있는 그대로 드러내면서 채워지기 시작한다. 쑥스러워도 하루 세 번씩 21일 연습을 잊지 말자.

06
못생겨도 자존감 높은 사람이 행복하다

당신은 다만 당신이란 이유만으로도 사랑과 존중을 받을 자격이 있다.
– 앤드류 매튜스

선생님 결혼하셨어요?

고3 수능시험이 끝나면 성형외과에서는 수능생을 위한 미용성형수술 특별 할인행사를 많이 실시한다. 자녀가 먼저 원하는 경우도 있지만 부모가 수술을 권하는 경우도 많다. '외모도 능력'이라는 캐치 프레이즈는 외모가 안 되는 사람은 능력도 없는 사람이라는 묘한 상관관계를 불러일으키며 외모는 자존감의 문제로까지 연결된다.

그렇다고 잘생긴 사람이 모두 자존감이 높은 것도 아니고 못생긴 사람이 자존감이 다 낮은 것도 아니다. 또한 외모가 자존감을 높이는지 낮추는지를 따지기 전에 잘생기고 못생긴 외모의 기준도 생각해볼 필요가 있다. 여기서의 외모는 신체적 측면만으로 제한하여 생각하기로 한다.

김미애 선생님은 마흔 살이 넘은 여선생님이다. 수업을 마치고 나오려는데 한 남학생이

"선생님 결혼하셨어요?"
"왜? 결혼 안 한 것처럼 보여? 선생님 결혼했는데."

중학생들은 선생님들의 나이를 잘 가늠하지 못한다. 여선생님들이 심심치 않게 받는 질문이기 때문에 우리는 그 상황을 너무 잘 이해하고 있었다. 그런데 이번엔 우리가 알고 있는 그런 상황이 아니었다. 이어지는 김미애 선생님의 말이다.

"'결혼 하셨냐?'라고 물어보는데 순간 '내가 그렇게 젊어 보이나?' 하는 생각에 기분이 좋더라구요. '결혼했다.'라고 대답하고 학생을 쳐다봤더니 학생이 아주 의외라는 표정을 짓고 있는 거에요."

바로 사태 파악한 김미애 선생님의 쐐기를 박는 한마디가 날아간다.

"그 표정 뭐야? 나처럼 못생기고 뚱뚱한 여자는 결혼도 못 했을 줄 알았냐?"

"정말요? 정말 결혼하셨어요? 얘들아, 선생님 결혼했대."

"내가 이놈들을 그냥."

회식 자리는 웃음바다가 되었다. 그 남학생의 짐작과는 달리 김미애 선생님은 초임 발령지에서 만난 선생님과 3년을 사귀었다. 열애 끝에 결혼해서 아이 둘 낳고, 아주 행복하게 잘살고 있는 선생님이다. 학생들과 의사소통도 잘 되고 뭐든지 시원시원한 성격이다. 한마디로 맺힌 데 없는 사람이다. 뚱뚱하고 못생겼다고 본인이 말하고 웃는 모습이 진짜 환해서 보는 나까지 기분이 좋아진다. 스스로 못생겼다고 말하면서도 표정은 전혀 못생겼다는 표정이 아니다. 자신의 외모를 있는 그대로 사랑하는 사람만이 지을 수 있는 표정이다. 외모도 높은 자존감 앞에서는 별 힘을 못 쓴다.

잘생기고 못생기고의 기준

내가 속해 있는 모임의 회장님댁에 초대받아 갔을 때의 이야기다. 같이 간 회원들을 회장 사모님에게 소개하는 시간이었다.

"이쪽은 박총무야, 당신하고 같이 라운딩 갔었잖아. 생각 안 나?"

"아~ 생각나요. 박총무님 이렇게 잘생기신 분이셨어요? 그때는 이렇게 미남 아니셨는데, 호호호."

박총무는 골프를 시작한 지 얼마 안 되는 왕초보다. 사모님과 함께 라운딩 하던 날도 '100타를 훨씬 넘겨서 창피했다.'는 얘기를 들었다. 박총무는 누가 봐도 잘생긴 외모의 소유자다. 하지만 이렇게 빛나는 외모도 골프 실력 앞에서는 빛을 발하지 못한다. 골프를 잘 치는 사람이 더 잘생겨 보이는 것이다. 스포츠 경기를 관람할 때 운동 잘하는 주전 선수가 실제 외모와 상관없이 멋있어 보이는 것과 같다. 골프할 때 사모님에게는 잘생긴 기준이 골프 실력이었던 것이다.

'잘생겼다. 못생겼다' 하는 기준이 따로 정해져 있는 것은 아니다. 단순히 외형적으로만 보자면 성형수술이나, 화장, 피부 관리, 자신에게 맞는 헤어스타일과 패션 감각이면 얼마든지 잘생겨질 수 있다. 돈만 있으면 된다.

그렇지만 이렇게 잘생긴 외모를 갖춘 사람이 자기 스스로를 못났다고 생각하고 자신감 없는 모습을 보인다면 그래도 계속 잘생겨 보일까? 그렇지 않을 것이다. 외모는 못생겼더라도 자기 일 열심히 하고 자기 자신을 사랑하는 사람이야 말로 매력적인 사람이라고 생각한다. 그런 사람은 남과 비교하지 않고 자기 자신을 있는 그대로 사랑하는 사람이다. 당신에게 매력적인 사람은 어떤 사람인가?

내 고등학교 후배 주연이가 서른아홉 살 아가씨 때의 이야기다. 마흔을 넘기지 않았으면 하는 부모님의 걱정도 걱정이었지만 후배도 이제는 결혼하고 싶다고 했다. 직장 좋고 괜찮다고 생각되는 사람은 후배보다 나이가 어렸다. 나이가 많더라도 그런 남자들은 또 어린 상대를 원했다. 이래저래 적당한 사람 찾기가 어렵던 차에 친구 동생으로부터 한 사람을 소개 받았다. 우리 지역에서 유명한 제과점에 다니고 있는 사람이었다.

주연이도 흔쾌히 만나보겠다고 했다. 빵을 좋아하는 주연이는 그 유명하고 맛있는 빵을 만드는 사람은 어떤 사람인지 궁금하다고 했다. 그렇지만 결과는 좋지 않았다. 외모도 준수하고 조건도 나쁘지 않았다. '뭐가 마음에 안 들었느냐?'라는 내 질문에 대한 주연이의 대답이다.

"자기가 하는 일에 자부심이 없어요. 남 보기엔 아무리 보잘 것 없게 보여도 본인만은 그렇게 생각하면 안 되는 것 아니에요?"

자기가 하는 일을 스스로 별거 아닌 것처럼 말할 때 그 사람 자체도 별거 아닌 사람처럼 보였다는 것이다. '못생겨도 좋으니 자존감 높은 사람이 좋다.'고 했다.

바람의 딸 한비야도 구호현장에서 땀 냄새 풀풀 나는 구호복 입고 무전기로 현장을 지휘하는 사람이 그렇게 멋있어 보였다고 했다. 예순 살이 되어 결혼한 배우자도 구호 현장에서 함께 일했던 사람이라고 한다.

그만큼 자기 일에 열정을 다한다는 것은 다른 사람에게 매력적으로 보이는 일이고 스스로의 자존감을 높이는 일이다.

아무리 외모가 받쳐주고 다른 조건이 좋다고 해도 자기 비하하는 사람은 매력 없다. 자기 일을 사랑하지 못하는 사람이 자기를 사랑하기는 어렵다. 자기를 사랑하지 못하는 사람의 삶이 행복하기는 어렵다. 행복하지 않은 사람과 평생을 함께하기를 원하는 사람은 없다.

나는 SG워너비의 김진호를 좋아한다. '라라라'라는 노래를 부르는 김진호를 처음 봤을 때 저렇게 행복한 표정으로 노래하는 사람도 있구나 싶었다. '라라라'를 부를 때 김진호는 마치 그 노래 가사 속의 주인공 같다. '내가 그대에게 부족한 걸 알지만~' 하며 노래하는 김진호의 입은 얼굴의 반을 차지할 만큼 크고, 지그시 감은 눈가에는 사랑에 빠진 사람의 행복감이 뚝뚝 떨어진다.

일부러 감는 눈이 아닌 너무 행복해서 저절로 감겨지는 눈이다. 이렇게 온몸으로 노래를 부르는 김진호를 보면 그의 외모와 상관없이 좋아하지 않을 수 없다. 연인들이 사랑할 때 예뻐지는 것처럼, 자신의 일과 하나가 된 사람도 내 눈에는 잘생겨 보인다.

잘생겼다고 자존감이 높은 것도 아니고 못생겼다고 자존감이 낮은 것도 아니다. 미에 대한 기준 또한 달라지고 있다. 남에게 보여지는 모습보다 자기 모습 그대로를 사랑하자는 뜻의 '자기 몸 긍정주의body positivity'라는 용어가 새로 등장하고 있는 요즘이다. 외모가 잘생기고 못생긴 것이 중요한 것이 아니라 자신을 얼마나 인정하고 사랑하며 사느냐가 중요하다. 못생겨도 자신을 있는 그대로 사랑하는 자존감 높은 사람이 행복하게 산다.

21일 자존감 습관 트레이닝

자신의 외모를 가꾸는 습관

남에게 보여주기 위해서가 아니라 나 스스로의 만족감을 위해 외모를 가꿔보자. 메이크업, 헤어스타일, 옷차림에 몸매 가꾸기도 포함이다. 자신감 있는 외모는 자존감도 같이 올려준다.

07
자존감 회복하기, 지금 시작해도 늦지 않다

어느 누구도 과거로 돌아가 새로 시작할 수 없지만,
누구나 지금부터 시작해 전혀 다른 결과를 만들어낼 수는 있다.
- 카를 바르트

늦깎이 자존감 회복기

어린 아들의 뺨을 때리고 자책감에 시달리던 한 친구의 고백이다. 친구는 둘째를 낳고 집에서 산후조리를 하고 있었다. 산후우울증이었는지 남편도 아이도 다 싫었다. 그때 그만 아무 이유 없이 어린이집에서 돌아오는 세 살짜리 아들의 뺨을 때렸다. 때리고 나서야 자기가 무슨 짓을 했는지 깨달았다. 아무 잘못도 없는 어린 아들의 뺨을 때린 친구는 나쁜 엄마라는 자책감에 힘들어했다.

아들이 기억하지 못하기만을 바랬다. 그렇지만 아들은 모두 기억하고 있었다. 친구는 10년 전 자신의 행동을 아들에게 진심으로 사과했다. 거듭 사과하는 친구에게 아들은 '이제는 기억도 안 나니 엄마는 제발 다 잊으라.'고 했다고 한다.

요즘 들어 친구의 오래전 고백이 생각난다. 나도 '나 자신에게 사과 해야 한다.'는 생각 때문이다. 한 번도 칭찬해주지 않았고 늘 다그치기만 했다. 못한다고 구박만 했다. 다른 사람의 비난을 제대로 막아주지도 못했다. 그러면서 무조건 참으라고만 했다. 내가 나에게 이렇게 못되게 굴었다는 것을 이제야 알아서 나에게 미안하다. 친구는 아들에게 사과하기까지 10년이 걸렸다. 나는 10년의 네 배다. 늦었지만 나는 내 사과를 받아주기로 했다.

나에게 사과하는 마음과 함께 나의 늦깎이 자존감은 어떻게 회복되어 가는지 정리를 해보려고 한다. 늦게 만난 자존감을 어떻게 유지하고 키울 수 있을지, 미안했던 나에게 앞으로 어떻게 더 잘해줄 것인지에 대한 나 스스로의 다짐이기도 하다.

첫째, 성취감을 느낄 수 있는 일 시작하기

자존감이 낮은 것은 성취의 경험이 없거나 적기 때문이다. 작은 일이라도 일단 시작해서 성취의 경험을 쌓기 바란다. 누구랑 같이 해도 좋지만 혼자 하는 것도 좋다. 자신이 좋아하는 일이든 하고 싶었던 일이든 상관없다. 나는 그동안 해야겠다고 생각만 하고 미뤄왔던 수영을 시작했다. 처음엔 따라가기 급급했지만 조금씩 나아지는 나를 보며 성취감을 느낄 수 있었다. 운동을 잘하게 생긴 체형이라는 말을 듣는 나다. 하지만 운동엔 젬병이어서 스포츠는 웬만하면 피하려고 했었다. 이런 나에겐 좋은 성취의 경험이었다. 잘하려고 하지 말고 꾸준히 한다고 생각하고 시작하면 된다.

둘째, 나를 믿어주는 사람과 친하게 지내기

나에게는 이런 분이 두 분 있다. 친정 언니는 나를 볼 때마다 '너는 우리 집에 보배다. 너같은 애가 어디서 나왔니. 석서방은 장가 하나는 잘 간 줄 알아라, 네가 최고다.'라며 초등학생 칭찬하듯이 한다. 그렇지 않다고 손사래를 치면서도 언니의 그런 마음은 나를 자존감 업되게 만들어 줬다. 또 한 분은 성당에서 알게 된 분이다. 이 분도 나를 무조건 예쁘다고 하시는 분이다. 나의 실수들을 다 보시면서도 '네가 그랬다면 그럴만한 이유가 있었을 것'이라며 내 편을 들어주시는 분이다. 이 두 분에게서 긍정의 힘을 받는다. 부족한 나를 끌어안고 있다가도 이분들과 이야기를 나누고 나면 나는 썩 괜찮은 사람이 되어 있었다.

셋째, 나를 우선순위에 두기

내가 싫은데 싫다는 말을 못해서 억지로 끌려다니는 것 같은 기분은 정말 자존감 떨어지는 지름길이다. 싫다는 말은 얼마든지 해도 된다. 싫다고 한다고 해서 인간관계가 어떻게 되지 않는다. 처음이 어렵지 몇 번만 반복하면 의외로 쉬워진다. 거절한다고 해서 자신을 나쁘다거나 이기적이라고 생각하지 않기 바란다. 상대방은 나의 솔직한 반응을 바라지 거짓말을 바라지 않는다. 내 감정에 솔직해야 내 자존감도 올라가고 상대방에게도 미안하지 않게 된다.

넷째, 작은 결정도 내가 하기

내 결정권을 남에게 양보하지 말아야 한다. 작은 결정들이고 그 결정들이 중요한 일이 아니라고 해서 남에게 쉽게 넘기면 안 된다. 작은 결정도 내가 할 때 내가 나로 일어서는 기분을 느낄 수 있다. 자장면 먹을지 짬뽕 먹을지부터 시작이다.

다섯째, 멋있는 외모 가꾸기

잘 꾸미고 외출했을 때와 그렇지 않았을 때의 느낌을 알 것이다. 내 스타일대로 꾸미고 다니는 것은 자존감, 자존심 다 올려주는 효과를 가져온다. 나의 외모에도 투자를 해야 한다. 나는 불편한 것을 싫어해서 늘 편한 차림을 고집하는데 가끔은 내 옷차림 때문에 곤란을 겪기도 한다. 조금 귀찮아도 나를 위해 불편함도 감수해야 할 때가 있다.

메이크업은 매일 하는 것이다. 메이크업에 자신이 없다면 지금이라도 배우기를 권한다. 한 번 배워서 매일 예쁜 얼굴로 다닐 수 있다면 권장할 만한 일 아닌가? 헤어스타일도 마찬가지다. 미용실에 다녀온 날은 어디 외출이라고 하고 싶은 마음이다. 단, 외모만으로 자존감은 높아지는 것이 아님을 알 것이다. 내적으로도 충분히 채워질 때 내 자존감도 채워진다.

여섯째, 완벽하려고 하지 말기

완벽하려고 하는 것은 자기 발전을 위해서 좋을 수도 있다. 그러나 한 가지 꼭 알아둘 것은 '이 세상에 완벽한 것은 없다.'라는 것이다. 완벽하려고 열심히 노력해도 만족에는 끝이 없다. 완벽하려고 한다는 것은 내 자신이 부족하다고 인정하는 것이다. 나의 실제 모습이 마음에 들지 않으니 더 열심히 뭔가를 한다. 그러나 하면 할수록 실제의 나와 완벽의 나는 점점 멀어지기만 한다. 그러다가 나는 지치고 결국엔 두 손 들게 되는 상황이 온다.

일곱째, 책 읽기와 편지쓰기

나는 내가 왜 그렇게 쫓기듯이 살아왔는지, 지금 상황이 그렇게 나쁘지 않은데도 왜 행복하다고 느끼지 못하는지 이유를 알지 못했다. 원인을 알아야 치료를 할 수 있을 텐데 원인을 모르고 있었던 것이다. 나는 그 원인이 낮은 자존감 때문이라는 것을 책을 통해서 알았다. 당신의 삶이 매끄럽지 않고 문제가 있다고 생각되면 관련 책을 읽어보기 바란다. 한 권, 두 권, 세 권 읽다보면 자신의 문제가 나올 것이다. 동시에 해결책을 발견할 수 있다.

그 다음에는 편지를 써보기를 권한다. 나는 과거 트라우마 시점의 나에게 편지를 썼다. 과거의 나는 지금 보면 실수 투성이지만 과거의 시점에서 보았을 땐 그게 최선이었다. 아직도 혼자 떨고 있는 과거의 나에게 언니인 내가 편지를 쓰는 것은 더할 수 없는 위로가 된다.

여덟째, 부정적인 생각 습관 버리기

내가 앞으로 살고 싶은 모습을 생각하며 살면 미래는 내가 살고 싶은 모습 그대로 살게 된다. 오늘 내가 하는 모든 행동도 내가 생각해서 한 일이다. 긍정적인 생각을 하면 긍정의 방향으로 이루어지지만 부정적인 생각을 하면 될 일도 안 된다. 나는 현재의 곤란한 상황이 올 때마다 과거의 부정적 경험들을 불러와서 미리 포기하고 미리 좌절했었다. 과거의 경험이 현재의 나를 지배하는 꼴이 되고 만 것이다. 나의 현재는 10년 전 내 생각의 결과라고 한다. 10년 후 행복한 미래를 살고 싶다면 부정적인 생각 습관부터 버려야 한다.

아홉째, 목표를 확실하게 세우기

정확한 삶의 목표가 없는 사람은 방황하는 삶을 살게 된다. 목적지가 있는 버스는 목적지를 향해 곧장 달려간다. 그러나 목적지가 없는 버스는 정류장에서 어디로 가야 하나 망설이느라 시간만 낭비한다. 이루고자 하는 목표가 있는 사람은 넘어져도 바로 일어난다. 꿈을 향해 가는 과정에서 생길 수 있는 일이지 실패가 아니기 때문이다. 꿈은 어렸을때만 꾸는 것이 아니다.

열째, 자기 자신을 있는 그대로 사랑하기

자존감의 정답이다. 자기 자신을 있는 그대로 사랑하기는 자신의 부족한 면을 그대로 받아들인다는 것이다. 자신의 단점, 약점 모두 인정하고 자신의 모습으로 받아들이는 것이다. 그 단점과 약점을 인정하지 못하고 자신을 포장하기 시작할 때 자신의 삶을 살지 못하는 것이다. 부족한 나를 그대로 인정하고 사는 것이 진정한 나의 인생을 사는 것이다. 진정한 나를 살아야 행복하다.

아홉 살 과거의 기억부터 한참을 돌아 돌아 이제 여기까지 왔다. 오랫동안 나를 잡고 있던 과거의 기억을 버리고 새로운 꿈으로 채워 나가려고 한다. 위의 열 가지는 그동안 실천했던 나의 자존감 회복의 방법이다. 계획해서 했던 것도 아니고 책을 보고 한 것도 아니다. 낮은 자존감으로 휘둘렸던 나에게서 저절로 나온 회복 방법들이다. 위의 열 가지를 하나씩 실천하면서 조금씩 조금씩 세워지는 나를 발견할 수 있었다.

느리지만 끝까지는 해나가는 나였다. 지금도 수시로 흔들리는 나이지만 어제보다 나은 오늘이라서 행복하다. 당신의 자존감 회복하기, 지금 시작해도 늦지 않다.

21일 자존감 습관 트레이닝

**해야겠다고 결심했다면 결심한 바를
하루에 한 번 종이에 적는 습관**

결심한 바를 미루다가 지지부진하게 끝날 때 자존감은 낮아지게 된다. 성공한 사람들은 자기의 꿈을 종이에 적고, 지갑에 넣어가지고 다니며 수시로 확인한다고 한다. 결심한 바를 하루에 한 번 종이에 적는 습관은 결심을 이루어 나가는 첫걸음이다.

08
당신의 과거는 당신의 미래가 아니다

가장 현명한 사람은 큰 불행도 작게 처리하고 어리석은 사람은
조그마한 불행도 현미경으로 확대하여 스스로 큰 고민 속에 빠진다.
– 라 로슈푸코

액자 속 사진이 되어버린 과거

시골 시부모님댁 안방 벽에는 사진액자들이 걸려있다. 손자 손녀들 백
일 사진, 돌 사진에 부모님 결혼식 사진, 그 옛날 사진관에서 찍었을 법
한 작은 가족사진, 회갑잔치 사진까지 한쪽 벽면을 다 채우고도 남는다.
그 사진들을 보면 시부모님의 굵직한 삶의 장면들이 그려진다.

지금은 혼자되신 어머니는 그 사진들을 올려다보시며 저건 언제 찍은
건지, 누구인지 말씀해주시며 지난 일을 회상하신다. 한 가족의 파란만
장한 역사는 한 장의 흑백사진이 되어 벽 한쪽을 장식하고 있을 뿐이다.

저렇게 액자 속에서 옴짝달싹 못하는 과거인데도 사람들은 그 과거에 이리저리 휘둘리며 괴로워한다.

시부모님은 논 서마지기 농사로 아들 넷을 대학 공부시키신 분들이다. 이웃들은 없는 집에서 대학은 무슨 대학이냐며 수군거렸지만 못 배운 것이 한이 되신 시아버지는 자식을 가르치겠다는 의지를 꺾지 않으셨다. 담보가 없어서 대출은 힘들다던 농협 직원도 시아버지를 이기지 못했다. 시부모님 살아오신 얘기를 들어보면 다 가난해서 고생한 얘기뿐이다. 그런데도 어머니는 '고생은 했지만 그래도 그때가 좋았다.'라고 말씀하신다. 시어머니에게는 과거의 고생도 다시 돌아가고픈 좋은 기억으로 남아 있다.

유년 시절부터 청년 시절까지 갖은 고생을 다 하며 살아온 지인은 자신의 지난 일들이 '기차를 타고 지나갈 때 보이는 풍경'처럼 밖에는 느껴지지 않는다고 말했다. 잘 생각해보려고 해도 떠오르지 않는다고 했다. 그건 나도 마찬가지다. 세상에 나처럼 불행한 청소년기를 겪은 사람은 없는 것처럼 우울을 짊어지고 살았다. 도대체 뭐가 그렇게 힘들었나. 과거의 기억들을 꺼내놓고 나열해 보니 생각보다 실체가 너무 작아서 나조차도 당황스러웠다.

보통 사람들은 두려움을 실제보다 더 크게 느낀다. 그래서 두려움을 마주하기도 전에 두려움의 크기와 무게에 압도되어 미리 도망치게 되는 것이다. 그러나 막상 두려움에 직면하게 되면 생각한 것처럼 크지 않다는 것을 알게 된다. 과거의 상처도 두려움과 마찬가지인 것 같다. 막연히 '나의 청소년기는 온통 회색빛이었어.'라며 우울모드를 작동시키며 살았다. 그렇게 내 앞에 꺼내진 내 회색빛 실체는 자잘한 실패의 경험들의 모음이었다.

똑같이 힘든 과거의 경험도 사람에 따라 다르게 받아들여지고 현재의 생활에 미치는 영향도 다르다. 어린 시절의 상처가 미래의 행복에 어떻게 작용하는지에 대한 연구 결과가 있다.

머튼이 찾아낸 행복

조지 베일런트의 저서『행복의 조건』에서는 '인간의 행복 조건이 무엇인가'에 대한 하버드대 연구팀의 연구 결과가 수록되어있다. 하버드대학 입학생 268명의 삶을 72년간 추적하여 도출한 결과이다. 연구팀을 이끈 베일런트 교수는 행복의 조건은 '인생의 고통에 어떻게 대응하는가'에 달렸다고 한다. 과거의 시련 속에서 즐거웠던 추억을 찾아 미래를 행복하게 만든 테드 머튼의 사례를 소개하고자 한다.

머튼은 부유한 가정에서 태어났지만 부모의 관심은 제대로 받지 못했다. 어린 시절 내내 집안의 운전사가 학교를 바래다주고, 친구들과는 마음껏 놀지 못했다. 머튼을 과잉보호만 했지 직접 따뜻하게 돌보는 부모는 아니었다. 여섯 살때까지는 자기 방에서 혼자 밥을 먹어야 했으며 열세 살이 넘어서는 부모의 품을 떠날 궁리만 했다.

머튼의 친구는 머튼의 부모님을 '마음이 좁고 이해력이 부족한 분들'이라고 했고, 당시의 기록을 살펴본 정신과 의사는 머튼이 전체 연구 대상자중 가장 불우한 유년기를 보낸 사람이라고 평가할 정도였다. 머튼은 부모님을 좋아하지 않았고 존경하지도 않았다.

그런 머튼이 서른세 살 때 병원 실습을 하다가 결핵에 걸려 파혼당하고 14개월 동안 병원에 입원하게 되었다. 결핵에 파혼까지 힘들었을 것이라는 예상과 달리 머튼은 그 시기를 아주 잘 지냈다. 뒷날 알고 보니 병원에 있을 때 어떤 사람이 머튼을 극진히 돌봐줬다. 그래서 머튼은 병에 걸린 게 오히려 기뻤고, 누군가에게 마음껏 의지해보고 싶었는데 그렇게 할 수 있어서 슬픔도 잊을 수 있었다고 했다.

머튼은 불우한 유년기를 보냈지만 다섯 살 전까지 유모와 매우 가깝게 지냈었다. 이후 병원에서 지낼 때 누군가로부터 보살핌을 받으면서 어린 시절 유모로부터 받은 사랑을 기억해내고 조금이나마 유년기의 상처를 극복할 수 있었다. 병원에서 퇴원 후 의사가 되고 결혼도 했으며 책임감 있는 아버지에다 병원 원장까지 되었다.

그 뒤에도 아버지와 어머니의 기억으로부터도 좋았던 기억을 더 적극적으로 찾아냈다. 찾아낸 기억을 살려서 그동안 경험해보지 못한 따뜻한 부모님을 창조해냈다. 과거의 암울했던 기억속에서도 잠시 동안의 즐거웠던 기억을 찾아내 자신의 상처를 치유하고 행복한 미래를 만들어갔다.

과거의 모든 경험들이 모두 시련만 있는 것은 아니다. 그런데도 사람들은 즐거웠던 일보다는 시련들을 먼저 바라본다고 한다. 그 시련에 젖어 스스로 불행해지는 습관을 가지고 있지는 않은지 한 번쯤 자신을 돌아봐야 한다. 시련들 속에 있는 즐거웠던 추억들을 찾아내 미래에 투자한다면 머튼처럼 행복한 삶을 만들어갈 수 있을 것이다.

습관을 바꾸는 일은 쉽지 않지만 습관이라는 것을 아는 것만으로도 절반은 성공한 것이다. 슬펐던 일보다는 기뻤던 일을 떠올리려고 노력하고, 작은 일이라도 즐거웠던 일이 있다면 그 일을 더 많이 생각하다 보면 마음은 어느새 밝아질 것이다. 과거의 고통을 어떻게 바라보느냐에 따라 고통은 감사가 될 수도 있다. 수치스럽다고만 생각했던 사건이 '그 사건이 없었으면 어쩔 뻔 했나!' 싶은 고마운 일이었다는 것을 최근에야 깨달았다.

과거의 기억을 찾아 미래에 투자하라

나는 고등학교를 졸업하고 회사에 입사했다. 입사 동기 한 명과 함께 회사근처 도시에서 자취를 했다. 회사까지는 통근버스가 다녔고 3교대

근무를 했다. 조립과 A라인 와인더실이 내가 일하는 곳이었다. 회사를 다니면서도 마음속으로는 '나는 여기 오래있을 사람이 아니야. 언젠가는 돈 벌어서 꼭 대학에 갈 거야.'라고 생각했었다. 그렇다고 구체적인 계획을 세웠다거나 한 것도 아니었다. 막연히 '대학에 간다.'라는 생각만으로도 구겨진 내 자존심은 위로를 받았던 것 같다. 일이 없어 바닥청소를 할 때도 '대학에 갈 거야.'라고 생각하면 견딜 만 했다.

비디오 테이프는 점점 새로 나오는 CD에 밀렸다. 3교대로 돌아가던 생산라인은 낮에만 가동되는 시스템으로 바뀌었다. 아침에 출근하고 저녁에 퇴근하는 통근버스를 타게 되었다. 그렇게 몇 주 출퇴근을 하던 어느날, 한 남자가 퇴근길에 쫓아 왔다. 알고 보니 같은 회사 직원이었다. 내가 마음에 드니 만나보자는 거였다. 나는 무섭고 싫은 생각에 그날부터 그 남자를 피해 다니기 시작했다. 그렇게 피하기를 한 달쯤 했을 때였다.

그때 나는 검사실에서 근무하다가 포장팀으로 옮겼다. 검사실 근무는 그중 폼 나는 일이라 좋았는데 갑자기 계단 한쪽에서 박스를 뜯어야 한다니 자존심 상하는 일이었다. 그때 저쪽에서 그 남자 직원이 오는 것이었다. 왜 하필 그때 마주치게 되는지 나는 쥐구멍이라도 찾고 싶었다. 무섭고 싫어서 피해 다니긴 했지만 그래도 포장하는 나의 모습은 보여주기 싫었다.

그곳에서 그 남자 직원을 만나고 나서 바로 사표를 썼다. '이렇게 사는 건 아니라'는 생각이 들었다. 계획도 없이 사표를 쓰고 나니 당장 할 일이 없었다. 그때 자연스럽게 떠오르는 것은 대학 입학이었다. 구체적인 계획은 없었지만 생각은 늘 하고 있었으니 내가 갈 곳은 입시학원이었다. 그렇게 해서 나는 지금의 내가 되었다.

그 남자 직원을 맞닥뜨린 그 순간은 내게 수치스러운 기억이었다. 다시 생각하기도 싫은 자존심 상하는 순간이었다. 그런데 그 이야기를 한번 두 번 꺼내놓기 시작하면서는 수치스러움은 점점 옅어지고 그 일은 그냥 재미있는 이야깃거리가 되고 말았다. 이 책을 쓰면서는 '그때 그 일이 없었으면 나는 지금 어디서 뭘 하며 살고 있었을까?' 하는 생각이 들었다. 생각도 하고 싶지 않았던 일이 오히려 고마운 일이 되었다.

그 일이 없었다면 결단력 없는 내가 퇴사를 하기는 어려웠을 것이다. 그 회사에 남았더라도 지금과는 또 다른 인생이 펼쳐졌을 것이다. 그러나 현재의 입장에서 보자면 퇴사는 잘한 일이었다. 그때 느낀 점 한 가지는 '생각'의 놀라움이다. 막연히 대학에 가야겠다고 생각만 했을 뿐인데 나는 대학엘 갔고, 그 뒤로도 내가 생각했던 그대로의 삶을 살고 있는 나를 발견하고는 깜짝 놀란다. 생각하는 대로 살게 된다는 명언을 다시 한번 실감한다.

아픈 과거도 생각만 잘하면 감사한 일이 된다. 색 바랜 흑백사진이 되어버린 과거 속에서 무엇을 꺼내볼지는 각자의 선택에 달려있다. 고생 속에서도 즐거웠던 기억을 먼저 떠올리시는 시어머니처럼, 불행한 유년을 보냈지만 그 유년 속에서 즐거웠던 추억을 찾아냈던 머튼처럼, 내 마음속의 작은 상자에서 기쁨, 희망을 먼저 선택하기 바란다. 과거의 기억을 찾아 미래에 투자하라. 당신의 과거는 당신의 미래가 아니다.

21일 자존감 습관 트레이닝

나 자신을 주인공으로 만드는 습관: 다른 사람 눈치 보지 않기
내 인생드라마에서 나를 조연이나 엑스트라쯤으로 여기고 살아오지는 않았나? 주인공은 다른 사람 눈치 보고 비위 맞추는 사람이 아니다. 내 인생의 주인공은 바로 나다.

과거의 고통을 어떻게 바라보느냐에 따라 고통은 감사가 될 수도 있다.

자존감이 자라면 행복도 함께 자랍니다

본문에 나오는 화순 씨는 자신을 지옥에 살다가 천국으로 온 사람이라고 말했다. 그토록 감추고자 했던 자신을 그대로 드러내어 행복을 찾은 것이다. 글을 쓰면서 내내 생각했다. 이렇게 쓰는 것이 잘하는 것인가? 왜 나는 굳이 어두운 기억들을 들춰내려고 하는 것일까? 썼다 지웠다 반복하기를 여러 차례 거듭했다. 그리고 마침내 여기까지 왔다. 내 삶의 배경화면이었던 과거의 기억들은 꺼내놓고 들여다 보니 실체 없는 물거품에 불과했다. 무겁게 자리하던 지난 상처들이 빠져나간 이 빈자리에는 무엇이 채워질까? 기쁨, 희망, 평화, 사랑과 같은 좋은 것들로만 채워지지는 않을 것이다. 때로는 걱정, 불안, 후회 같은 것들이 찾아오기도 할 것이다. 그러나 자존감이라는 이름으로 단단해진 나를 믿기에 마음은 평화롭기만 하다.

자존감은 자신을 있는 그대로 인정하고 받아들이는 것으로부터 출발한다. 부족한 나를 사랑하고 스스로를 소중하게 여기는 마음에서 자존감은 자라기 시작한다. 어떤 상황에서도 나를 우선순위에 두는 삶으로 자신의 자존감을 소중히 지켜나가기 바란다. 자존감이야말로 내가 행복해지는 출발점이다. 자신을 세상 밖으로 고스란히 드러낸 용기가 화순 씨를 천국에 살게 한 것처럼, 이 책에 쏟아낸 나의 이야기들은 나를 '온전한 나'로 살게 할 것이다. 여기까지 읽어준 독자분들께 감사의 마음을 전한다. 동시에 이 책을 집어 든 당신을 마음 다해 응원한다. 모두에게 평화가 함께하기를.